AF451666

JULES BELLEUDY

PRÉSIDENT DE LA SOCIÉTÉ VAUCLUSIENNE
DES AMIS DES ARTS

J.-J. BALECHOU

GRAVEUR DU ROI

1716-1764

AVEC DEUX PORTRAITS HORS TEXTE

> BALECHOU, *ubi es ?*
>
> DIDEROT.

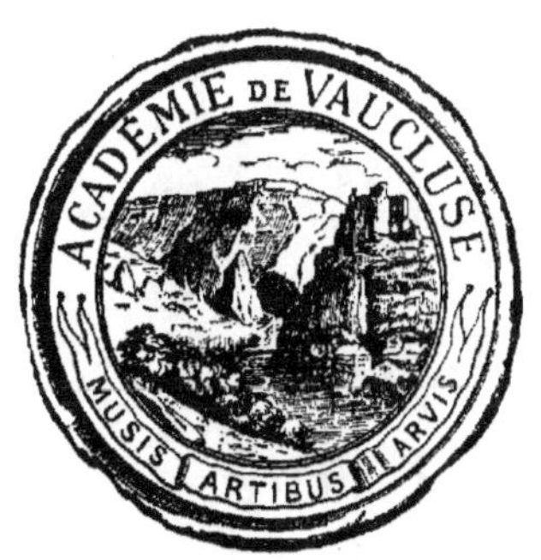

ÉDITIONS DE L'ACADÉMIE DE VAUCLUSE

F. SEGUIN, IMPRIMEUR A AVIGNON

1908

offert par l'auteur

au cabinet des Estampes

Jules Adeline

J.-J. BALECHOU

GRAVEUR DU ROI

Extrait des *Mémoires de l'Académie de Vaucluse*.
(1er semestre 1908.)

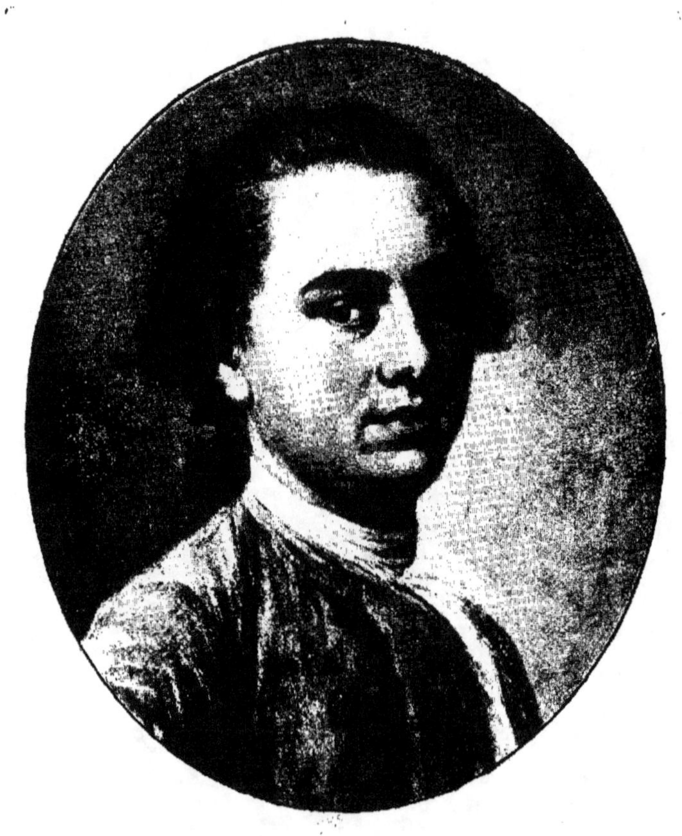

PORTRAIT DE J.-J. BALECHOU PAR LUI-MÊME

(Pastel, au Musée-Calvet.)

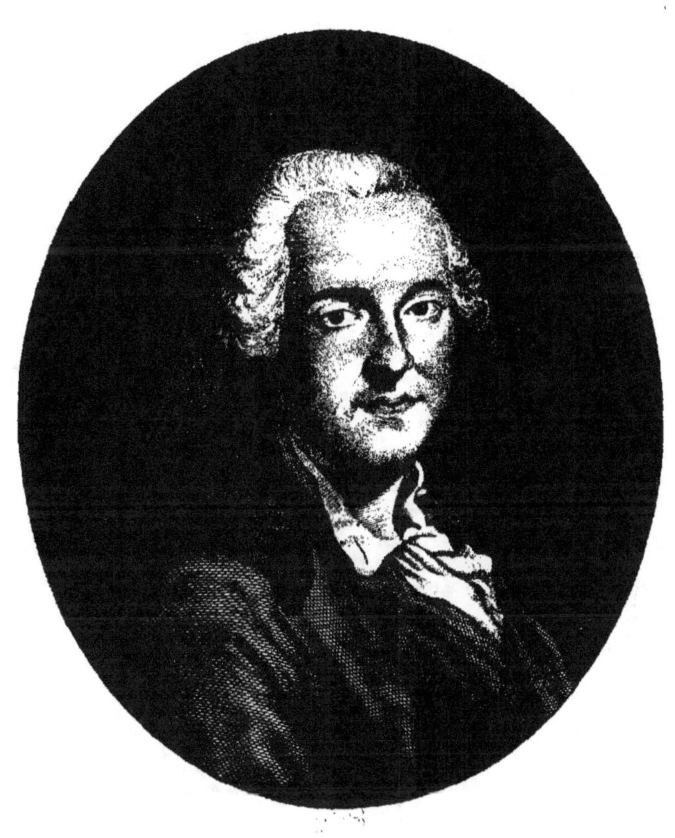

PORTRAIT DE J.-J. BALECHOU PAR LE CHANOINE ARNAVON
(*D'après la gravure de Louis-Jacques Cathelin.*)

JULES BELLEUDY

PRÉSIDENT DE LA SOCIÉTÉ VAUCLUSIENNE
DES AMIS DES ARTS

J.-J. BALECHOU

GRAVEUR DU ROI

1716-1764

AVEC DEUX PORTRAITS HORS TEXTE

> BALECHOU, *ubi es ?*
>
> DIDEROT.

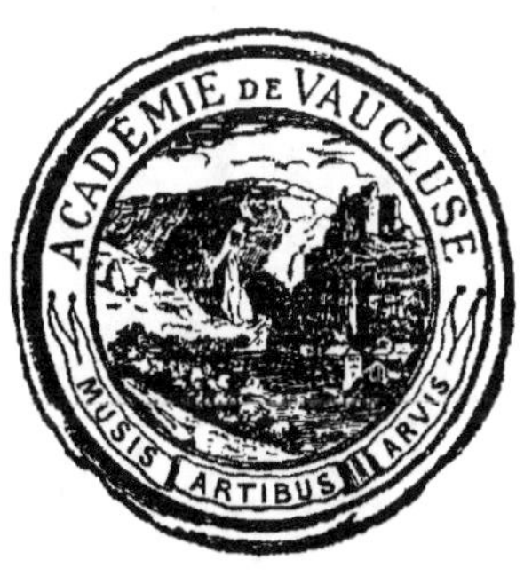

ÉDITIONS DE L'ACADÉMIE DE VAUCLUSE

F. SEGUIN, IMPRIMEUR A AVIGNON

1908

J.-J. BALECHOU

GRAVEUR DU ROI.

I.

Vous connaissez l'enthousiasme de Diderot pour J. Vernet.

Lorsque Lebas et Cochin entreprennent de graver les *Ports de France*, l'auteur de *Jacques le fataliste* n'est pas satisfait de leur œuvre. Il traite l'un de « libertin qui ne cherche que de l'argent », l'autre « d'homme de bonne compagnie, qui néglige son talent ». Et il écrit, à propos du Salon de 1763 : « Il y a à Avignon un certain Balechou, assez mauvais sujet, qui court la même carrière et qui les écrase. »

Diderot, dans son culte pour Joseph Vernet, est assez sévère pour la plupart de ses interprètes. A tous, il préfère Balechou. il est du reste l'écho de Vernet, qui, à la même date, écrit : « Il n'est qu'un Balechou en France. Je ne suis pas content des gravures de mes autres marines, depuis que j'ai vu les vôtres. »

Lorsque Flipart expose, au Salon de 1765, *Tempête pendant le jour,* et *Tempête pendant la nuit,* Diderot, les comparant avec la gravure de la toile qui appartenait à M. Poulharies, s'écrie : « Rien qui vaille ! Ah ! Balechou *ubi, ubi es ?* » comme il avait dit auparavant : « La Tour, La Tour, *ubi es ?* »

Cette *Tempête* de Balechou est, il est vrai, une estampe tout à fait extraordinaire. Lagrange, l'historien de Joseph Vernet, n'hésite pas à dire qu'elle est « un chef-d'œuvre de gravure par l'audace du métier, l'agilité, la force, l'abondance des moyens qu'il déploie », et il regrette que « le peintre disparaisse derrière ce fulgurant étalage des ressources du burin. » La *Tempête* de Balechou fait, d'après lui, oublier J. Vernet. Ailleurs, il reconnaît que la gloire du graveur rejaillit sur le peintre. Le graveur est donc là plus qu'un interprète. Il crée en quelque sorte une œuvre nouvelle. Il demeure un modèle, au point que le plus habile des graveurs anglais, Woollett, avoue qu'il avait sous les yeux une épreuve de cette *Tempête* lorsqu'il travaillait à sa planche de la *Pêche*.

Dans son logement des Galeries du Louvre, Vernet n'a que peu de tableaux, quelques dons de ses confrères de l'Académie, mais il a les estampes de son graveur favori. Il s'efface en quelque sorte devant lui, et il lui arrive de dire : Les Marines de Balechou, quand Louis XV dit : les Marines de Vernet.

Balechou était donc à Avignon au moment où Diderot écrivait le premier Salon dont j'ai parlé. Lorsqu'il écrivait celui de 1765 et qu'il demandait : «Balechou, où es-tu ?» Grimm avait déjà enregistré sa mort, en faisant ressortir « la force et la chaleur de son burin » et en tempérant cet éloge par une allusion au « dérangement de sa conduite ». Bachaumont, en notant aussi son décès, remarque « qu'il s'est immortalisé par ses magnifiques planches de marine. » Il s'agit donc d'un grand artiste que son séjour dans notre ville rattache à l'histoire locale.

Comment était-il venu ici ? Combien de temps y a-t-il passé ? Quelles œuvres y a-t-il gravées ? Autant de questions dignes d'intérêt que nous examinerons. Et, d'abord, pourquoi Balechou était-il venu se fixer à Avignon ? Est-il vrai qu'il y ait été envoyé en exil et que le chagrin ressenti d'un affront sans pareil ait causé sa mort ?

Lorsqu'en 1753 il revint ici, le souvenir de l'apprentissage de trois années qu'il avait fait vingt ans auparavant chez le graveur Michel, dans l'atelier de la rue Bonneterie, le détermina sans doute. Il savait d'ailleurs qu'il y trouverait des amateurs d'art ; et, en effet, le chanoine Renaud, qui venait d'acquérir de Joseph Vernet *le Calme,* lui montra cette toile qu'il se décida à graver et qu'il signa *J.-J. Balechou à Avignon.*

Notons que cette estampe est dédiée à M. de Marigny, qui avait succédé à M. de Tournehem dans la Direction générale des bâtiments, jardins, arts, académies et manufactures royales, et que c'est un premier fait qui bat en brèche la version de l'exil de Balechou.

Dans la galerie de M. de Siffredy Mornas de notre ville, on admirait le tableau de Carle Van Loo, *Sainte-Geneviève.* Nous savons par une lettre autographe, obligeamment communiquée par M. Perrot, que Balechou en acheva la gravure au mois de mai 1759, et qu'il en soumit les épreuves à cette époque à Van Loo et à M. de Marigny. Cette estampe est dédiée au Roi, avec sa permission, et c'est encore une raison de croire que la dédicace n'eût pas été acceptée, si elle eût été faite par un artiste banni de France, après la flétrissure des tribunaux et de l'Académie.

La *Sainte-Geneviève* a été mise au rang des chefs-d'œuvre, puis elle est tombée momentanément dans un discrédit immérité ; quoi qu'il en soit, elle nous donne une indication précieuse sur le domicile de Balechou, à Avignon. On peut y lire, au bas, à droite, *Chez l'auteur, au bout de la rue du Portail-Magnanen.*

M. Paul Achard, qui a fourni aux *Archives de l'art français* l'état civil de ce graveur, et qui a certainement connu cette estampe, très répandue dans la région, ne parle pas de la mention qu'elle porte et écrit dans son Dictionnaire historique des rues et places d'Avignon, que c'est dans la rue Aïgarden que Balechou avait élu domicile.

Peut-on concilier les deux indications ? Ne s'agirait-il pas de l'une ou de l'autre des deux maisons qui sont aux angles de la rue Aïgarden et de la rue du Portail-Magnanen ? Je ne le pense pas ; elles sont de dimensions assez restreintes et, même si elles paraissaient remonter à l'époque dont nous parlons, elles n'annonceraient point par leur aspect l'habitation que Balechou dut choisir, d'après ce que nous savons de ses goûts personnels.

S'il faut en croire M. Biret, le maître serrurier ferronnier d'art, qui connaît tout ce qui offre ici un intérêt artistique et qui a recueilli de plusieurs générations d'artisans ingénieux les traditions orales, la maison de Balechou était située au-delà de l'impasse, aujourd'hui élargie, qui sépare l'immeuble portant le nº 58 de la rue Portail-Magnanen de l'établissement des religieuses de Saint-François d'Assise, dites Sœurs de la Corde. La partie de cet établissement qui est de la construction la plus récente a été bâtie sur la maison même du graveur. M. Biret se rappelle l'avoir visitée à l'intérieur et il m'a assuré que, par sa distribution, son aménagement, sa décoration, elle répondait bien à ce que devait être la maison d'un artiste au XVIIIe siècle.

C'est donc là que Balechou a travaillé à quelques-unes de ses estampes, parmi lesquelles je citerai, en outre de *Sainte-Geneviève*, du *Calme,* la *Tempête* et les *Baigneuses,* dont les peintures appartenaient à M. Poulharies, négociant à Marseille, le *Sacré-Cœur* et *Salvador,* d'après Ph. Sauvan, enfin *Latone vengée,* d'après Philippe Lauri, et qui, laissée inachevée, fut complétée par Cathelin. Il faut voir au Cabinet des estampes les deux planches et les comparer. Le talent de Balechou s'y fait voir fort au-dessus de celui de son émule.

Dans son cuivre, le paysage est à peu près terminé ; les figures sont commencées, mais non finies ; il y a dans *Latone* une délicatesse de burin, une virtuosité d'exécution, sur lesquelles tranche vivement la forme définitive que lui donne Cathelin, dépourvue de grâce et d'émotion.

Mais il ne s'agit pas ici d'apprécier le mérite de Balechou. Je ne veux que rappeler les épisodes de sa vie intéressant Avignon et réparer à son égard l'injustice des biographes mal renseignés.

Le Musée Calvet possède un pastel représentant Balechou par l'artiste lui-même (0.28 × 0.23). Il n'existe pas de document qui nous renseigne sur son authenticité. Il porte au dos, on ne sait de quelle main, une mention ainsi disposée :

Agé de 18 ans,

peint

par M. Balechou

d'Arles.

D'après les notes de M. Binon père, qui a tenu registre de l'entrée de toutes les œuvres d'art dans les collections dont il avait la garde, ce portrait fut acquis par voie d'échange en 1845.

Notre graveur a une jolie figure, un vaste front, des lèvres un peu fortes, mais d'un arc très pur, de beaux yeux profonds dont l'expression très grave cause à cet âge quelque surprise.

Nous connaissons, par la gravure de Cathelin, exécutée peu de temps avant 1789, un autre portrait de Balechou, peint par le chanoine Arnavon, entre les années 1753 et 1764, plus précisément vers 1760, car le célèbre graveur y apparaît dans l'épanouisse-ment et la force de la quarantième année. Il a naturellement épaissi, mais il a fière tournure et grand air. Le maxillaire infé-rieur est un peu fort, accusant un léger prognatisme. En l'exa-minant, nous voudrions lire la vérité sur cette physionomie ; nous cherchons dans les yeux la révélation de sa nature intime. Mais ne sommes-nous pas influencés par les particularités que nous croyons connaître déjà d'un caractère moral, au moins autant que les graphologues à qui un autographe de Bonaparte permet de découvrir en lui un grand homme de guerre ?

Cette fois, pourtant, le peintre, bon dessinateur, d'une famille d'artistes, et qui a bien observé son personnage en modelant patiemment son visage un peu asymétrique, ce peintre est un prêtre psychologue qui a commenté lui-même son pastel. Et comment le regard de Balechou ne paraîtrait-il pas énigmatique, lorsqu'on lit sous la plume d'Arnavon ces lignes d'oraison funèbre, d'une âpreté sans égale :

« Il ne faut rien dire de cet homme qui était *fontiellement* très « méchant. Il était trés bon avec les bons, généreux et avare, « ingrat et bienfaisant, capable dans un même jour de mille « impressions différentes, enfin aussi singulier que son talent. Il « disait également une vérité et faisait une calomnie.

« Il n'avait aucun ami duquel il n'eût dit autant de mal que du « plus cruel ennemi. On le connaissait, on le méprisait et on le « recherchait. »

II.

Si l'on en croit les écrivains français et étrangers qui se sont occupés de la gravure au XVIIIe siècle, MM. Portalis et Béraldi, J. Guiffrey, de Montaiglon, Georges Duplessis, le vicomte Delaborde, lady Dilke, et ici même notre confrère M. Labande, et M. J.-P. Illy, auteur d'une notice qui date de 1880, J.-J. Balechou aurait été condamné à l'exil et chassé de l'Académie royale de peinture, pour avoir fait faire des tirages clandestins du portrait du roi de Pologne ; et, quoique quelques-uns lui découvrent des excuses dans les mœurs du temps, ils ne font aucune difficulté d'admettre sa culpabilité. M. Guiffrey, dans les *Nouvelles archives de l'Art français,* a publié les plaintes portées à ce sujet contre le graveur par Le Leu, agent du roi de Pologne, les dépositions des 37 témoins cités à sa requête, et il se prononce dans le sens de l'accusation.

Le savant directeur des Gobelins, qui a vulgarisé tant de documents d'archives précieux pour la biographie des artistes, ne paraît pas avoir connu dans cette circonstance la notice consacrée dans le *Plutarque provençal,* en 1853, par M. Louis Jacquemin, à son illustre compatriote. Cette notice n'avait pas échappé à M. de Montaiglon, qui l'analyse et la discute dans les *Archives de l'Art français* de 1861. M. Jacquemin a eu communication de papiers ayant appartenu à Balechou. Il publie un document de première importance, inconnu jusqu'alors : la convention passée entre Le Leu et Balechou pour l'exécution, d'après le tableau de Hyacinthe Rigaud, du portrait d'Auguste III, roi de Pologne, électeur de Saxe.

Les auteurs du *Dictionnaire général des Artistes de l'École française* paraissent avoir été mieux informés que les écrivains que nous avons nommés, mieux même que Jacquemin, chez qui cette lacune est inexplicable.

Ils mentionnent la date d'un arrêt du Parlement de Paris, confirmatif de deux sentences du Châtelet en faveur de Balechou, au sujet des procès qui lui avaient été intentés par Le Leu, mais ils ne les reproduisent pas. En cherchant ces décisions judiciaires, j'ai eu la bonne fortune d'en découvrir plusieurs autres qui donnent à cette affaire une physionomie toute différente de celle qu'on lui connaît, et je suis heureux d'en offrir la primeur aux membres de l'Académie de Vaucluse.

Qu'est-ce que ce portrait du roi de Pologne ?

C'est, dit un écrivain qui ne goûte pas toujours le burin de Balechou, c'est « un chef d'œuvre de science et de force, qui le place au rang des meilleurs burinistes du XVIIIᵉ siècle, et même de toute l'école française ».

C'est une gravure qui, d'après le contrat cité par Jacquemin, devait rapporter 5.000 livres royales à l'artiste, plus cinquante estampes, valant environ 1.000 livres.

C'est une gravure aujourd'hui presqu'introuvable, qui n'est passée que vingt-cinq fois, pendant le siècle dernier, en vente publique, et dont un exemplaire, avant toute lettre, a été payé 1.200 fr. par le Cabinet des Estampes.

Le Musée Calvet en possède une épreuve.

Évidemment, c'est une œuvre de maîtrise par laquelle l'artiste a voulu donner la mesure de son talent et qui justifie pleinement sa renommée.

Traduire un portrait dû au pinceau de Rigaud, la noblesse de ses lignes, la grâce d'un jeune visage, la somptuosité des velours, des satins et de l'hermine du manteau royal, l'éclat de l'acier et des reflets d'une armure, la moire éblouissante des grands cordons ; ne pas prêter aux ornements et aux détails et à tout l'appareil ordinaire de ce peintre une valeur supérieure à celle de la figure qui domine cette vaste composition, c'était assurément se montrer l'égal de l'auteur, triompher avec lui, sans le secours de la couleur, avec quelques traits de burin.

Et si l'on apprend que cette planche a subi de nombreuses vicissitudes, a donné lieu à une expertise de Mariette, que la tête du roi a été martelée, que le manteau a été labouré de tailles pour le gâter à plaisir, ou qu'il s'agit d'un accident imprévu, sans qu'on puisse rien savoir d'exact à ce sujet, et si l'on constate que la planche, replanée, restaurée ou réparée, ne perd rien de son prix, que l'agent du roi de Pologne la réclame avec plus d'insistance encore devant les commissaires, le lieutenant criminel et le lieutenant civil, le Châtelet et le Parlement de Paris, la valeur artistique de ce portrait se double d'un problème historique et juridique à résoudre, livré à notre sagacité.

Voyons d'abord les plaintes de Le Leu, l'agent du Roi de Pologne. Il y en a deux. La première est du 27 novembre 1749; elle vise le dommage causé à la planche et dont elle accuse Balechou; mais elle est bientôt abandonnée, sinon retirée, et une autre lui succède, à la date du 29 janvier 1750, celle-ci plus grave, appuyée de nombreux témoins dont les dires semblent précis et concordants. Elle porte sur deux chefs : Balechou aurait diffamé Le Leu, mais ceci passe au second plan. Balechou aurait fait tirer un très grand nombre d'épreuves du portrait pour les vendre à son profit, alors que, d'après le marché qu'il a signé, il n'a droit qu'à cinquante estampes.

Le lieutenant criminel délivre dès le lendemain du dépôt de la plainte un permis d'informer, et voici que défilent devant le commissaire Le Clair, conseiller du Roi, quatorze témoins dont M. Guiffrey nous a fait connaître *in extenso* les prolixes déclarations exposées dans le jargon judiciaire de l'époque.

Les témoins entendus ne sont pas les premiers venus; c'est Tévenard, imprimeur en taille-douce, qui a fait le tirage, c'est sa femme, ce sont ses deux filles; c'est son gendre, et le frère de celui-ci; ce sont deux compagnons imprimeurs employés par Tévenard; ce sont deux maîtres imprimeurs en tournée d'inspection chez leurs confrères; c'est l'élève même de Balechou qui a porté la planche, qui a surveillé le tirage quand son maître n'était pas là; c'est un marchand papetier, c'est un marchand d'estampes : ils ont participé au tirage de 5 à 600 exemplaires de la gravure ou ils y ont assisté.

M. Jacquemin allègue que Tévenard a fait une fausse déclaration, qu'il se contredit, qu'il est vendu à Le Leu. C'est facile à dire. Mais l'imprimeur, en vérité, ne se contredit point. Sa déposition et les dépositions de toutes les personnes de sa famille, fussent-elles fausses ou payées par Le Leu, sont confirmées par d'autres qui paraissent fort impartiales.

Il manque cependant à toute cette procédure judiciaire les garanties d'un débat oral que notre Code assure à l'accusé. Le greffier les a enregistrées toutes de la même écriture indifférente. Nous ne savons point si tel témoin n'a pas hésité, s'il n'a pas balbutié, si le commissaire royal, par ses questions, n'a pas en quelque sorte appelé certaines réponses. Nous ne pouvons pas deviner si tel dire est éloquent par sa spontanéité, si tel autre n'est pas dicté par quelque ressentiment ; nous n'entendons pas l'accent de la sincérité ou de la perfidie.

Trois témoins rapportent que Balechou, préoccupé évidemment de cette information, a prétendu leur dicter le langage qu'ils devront tenir devant le commissaire. Il aurait fait plus. Il aurait écrit à l'imprimeur Tévenard « une lettre pour lui marquer ce qu'il devait déposer dans son affaire ». Cette lettre serait assurément une preuve irrécusable contre l'artiste. Qu'est-elle devenue ?

Nous la voyons, dans la déposition de Catherine Tévenard, fille de l'imprimeur, passer de mains en mains comme le billet compromettant dans les *Pattes de mouches* de Sardou. On se rend compte que le commissaire en suit la piste ; il va la saisir ; mais Catherine Tévenard, pourtant fille d'imprimeur, femme d'un bibliothécaire du duc de Saint-Simon et certainement lettrée, à qui Balechou aurait remis son papier, « n'a pu lire son écriture » et a donné le billet à son père, et celui-ci aurait dit à son client « qu'il s'exposait à se perdre en écrivant de pareilles choses et que, comme il était honnête homme, il ne voulait point garder le dit écrit et le lui aurait rendu ».

Dans ce dossier, il y a une sérieuse lacune. J'ai eu longtemps l'espoir de la combler ; mais toutes mes recherches dans ce but sont demeurées vaines.

Poursuivi devant la juridiction criminelle, Balechou a porté l'affaire au Parlement de Paris, et, par un arrêt contradictoire du 27 mai 1750, qui n'est connu que par la mention qui en est faite dans une pièce de la procédure et qui n'a été retrouvé ni dans les minutes ni dans les registres du Parlement, la Cour a accueilli l'appel, ordonné que les informations seraient converties en enquêtes et renvoyé les parties à fins civiles.

C'est la première phase de ce long procès, qui a nécessité cinq sentences du Parc civil du Châtelet et deux arrêts du Parlement.

Le Leu n'a point satisfaction. Le 10 juin, le lieutenant civil commet le commissaire Dupré pour faire l'enquête sur la plainte reconventionnelle de Balechou, ordonnée par l'arrêt précédent. C'est cette enquête qui n'a laissé aucune trace. Là est la clef du mystère, car tous les témoins entendus jusqu'alors sont des témoins à charge; nous ignorons ce que le graveur allègue pour sa défense ou dans son intérêt, et si nous en démêlons quelque chose à travers les déclarations des témoins de Le Leu, nous devons reconnaître que ce n'est pas bien concluant et que la cause de Balechou laisse à désirer.

Je vous fais grâce des incidents ; les exploits, les assignations, les ordonnances s'enchevêtrent ; les procureurs échangent des requêtes ; les huissiers à verge et les huissiers à cheval sont requis de part et d'autre ; les avocats plaident. Or, à travers cela, je ne devine pas pourquoi Balechou demande à procéder devant la Chambre civile. Le fait est que, cette fois, il est débouté et renvoyé devant le Parc civil, sans doute parce que le tribunal de première instance doit être saisi avant la Cour.

Sur ces entrefaites, et sans perdre de temps, Le Leu demande à faire la preuve d'un nouveau fait, nous ne savons lequel. C'est lui qui est débouté cette fois. Le lieutenant civil rend une sentence pour « permettre aux parties de faire preuves respectives de leurs faits », et le 7 juillet 1750 l'enquête de Le Leu continue.

Point important; sur le conseil de son procureur ou de son avocat sans doute, Balechou fait défaut, et de même que ses témoins n'ont laissé aucune trace, de même nous ignorons les contradictions qu'il pourrait opposer dans l'enquête ouverte à la requête de Le Leu. Vingt-trois personnes encore sont entendues. J'ai analysé leurs dires, en ce qui concerne l'accusation, et je n'y prendrai que ce qui semble être une explication de l'attitude de Balechou.

Catherine Tévenard, dont j'ai signalé la déposition importante, et qui, si elle ne sait pas très bien déchiffrer les écritures, a l'oreille fine et de bons yeux, qui révèle des actes et des paroles dont son père et son mari ne savent rien ou dont ils ne jugent pas prudent et utile de parler, la fille aînée de Tévenard rapporte ceci :

« Le sieur Tévenard, son père, ayant trouvé le dit sieur Balechou, il lui dit qu'il avait reçu une assignation pour aller déposer contre lui, et le dit sieur Balechou ayant pris la parole, elle déposante a entendu qu'il a dit au sieur Tévenard qu'il n'avait qu'à dire qu'il avait tiré des épreuves pour connaître la perfection de son ouvrage, sans dire le nombre ; à quoi le dit sieur son père lui répondit qu'il le ménagerait tant qu'il pourrait, mais que si on lui faisait lever la main, il ne pourrait se dispenser de dire la vérité, sur quoy le dit sieur Balechou sortit aussitôt d'un air fâché. »

Examinons, si vous le voulez bien, cette explication et ouvrons une parenthèse assez étendue.

Quand on se demande si Balechou a fait faire des tirages de sa gravure, on doit répondre : Oui, de toute évidence.

Les dénégations de M. Jacquemin, d'après les papiers de Balechou aujourd'hui égarés, n'ont pas le moindre fondement et si cet écrivain eût connu la procédure du commissaire Le Clair, il n'eût pas insisté. Les autres raisons données par quelques écrivains, et tirées de prétendues cabales inspirées par l'envie à certains confrères de Balechou, n'ont aucune vraisemblance.

Mais l'explication ébauchée par celui-ci, et qu'un seul témoin indirect a ouï suggérer, se présente la première à l'esprit. Un graveur a besoin d'un certain nombre d'exemplaires, dites épreuves, de sa planche, pour savoir si son ouvrage est tout à fait à point. Mais ce nombre d'épreuves ne peut être considérable ; il est assez limité, et l'affaire du portrait du Roi de Pologne fut débattue devant l'Académie de peinture en vue de déterminer précisément combien d'exemplaires un graveur pouvait faire tirer, sans abus, pour connaître l'avancement et la perfection de son travail.

On comprend qu'il s'agit de ce portrait par la date de la délibération de l'Académie, sur le rapport des commissaires qu'elle avait chargés d'étudier treize questions posées dans un mémoire du comte de Loos, ambassadeur du Roi de Pologne, et par les faits qui sont soumis à l'examen : mais il est indispensable de dire que ni dans le mémoire de l'ambassadeur, ni dans le rapport de tous les graveurs de l'Académie réunis en commission, ni dans la délibération de l'Académie, le nom de Balechou n'est prononcé, le portrait qu'il a gravé n'est cité.

Aux treize questions du mémoire, la commission d'abord, l'Académie ensuite, après double lecture, répondent avec prudence et précision, parfois par un oui ou par un nom, refusent même de répondre quand l'article n'est pas très clair, mais en somme déjouent, par la netteté et l'autorité de leurs déclarations, conformes aux usages des graveurs, l'explication que Balechou aurait tout d'abord voulu faire admettre.

Voici les questions numérotées 6 et 9 suivies de la réponse :

6° A combien, à peu près, pour le plus, peut-on faire monter la totalité des épreuves nécessaires à un graveur pour conduire un ouvrage depuis le commencement jusqu'à la fin ?

R. 50 ou 60 ordinairement pour les grands ouvrages ; 100 épreuves au plus fort, même en comprenant le cas énoncé dans la réponse à l'article 3, (c'est-à-dire si l'artiste avait fait des changements considérables).

9° Est-il permis à un graveur de faire des présents ou de vendre des épreuves finies qu'il aurait légitimement, et ce avant que celui à qui est l'ouvrage les ait lui-même mises au jour ?

R. Non, à moins que le propriétaire n'y consente.

C'est aux procès-verbaux de l'ancienne Académie, textuellement publiés par M. de Montaiglon et si utiles à consulter, que j'emprunte ces détails. J'aurai à revenir sur la délibération du 8 avril 1752, dans une autre partie de cet ouvrage, car on a prétendu que, par cette décision, Balechou fut exclu de l'Académie. Je crois pouvoir contester sérieusement ce point d'abord parce que les procès-verbaux n'en disent rien, que Balechou, je l'ai affirmé, n'est nommé ni dans la réponse ni dans le mémoire, enfin parce que l'exclusion était prononcée dans des formes connues, après justifications demandées et enquêtes minutieuses, dont aucune pièce n'existe concernant Balechou.

Reconnaissons toutefois que notre homme n'est pas, comme on dit, en très belle posture. Le portrait que Cathelin a gravé nous paraît de plus en plus énigmatique et l'oraison funèbre écrite par le chanoine Arnavon ne semble pas trop cruelle.

III.

La procédure suit son train. Si Balechou a eu l'air de se désintéresser de l'enquête continuée à la requête de Le Leu, il en demande communication dès qu'elle est close, et il l'obtient.

L'affaire est enfin appelée à l'audience du Parc civil du Châtelet le 24 mars 1751, elle est plaidée au fond et le lieutenant civil rend sa sentence.

Cette sentence a, tout d'abord, de quoi surprendre. Je vous fais grâce de sa lecture (on la trouvera aux Annexes). Elle condamne Le Leu à restituer à Balechou 45 épreuves du portrait qui lui reviennent, d'après le marché convenu. Et, par la même occasion, on liquide un litige antérieur, dont on ne nous a rien dit dans les pièces de la procédure que nous avons eues sous les yeux : Le Leu remettra aussi à Balechou trente épreuves du portrait du comte de Brulh, ministre de Sa Majesté polonaise, qui ont été indûment retenues par Le Leu.

Quant à Balechou, à son tour il remettra à Le Leu « les épreuves parfaites du Roi, *si aucunes il a,* à l'exception des cinq qu'il a en sa possession et se purgera par serment qu'il n'en retient aucune autre, directement ni indirectement ».

Sauf qu'on nous laisse à deviner les motifs de ce jugement, il nous semble qu'il tend à l'exécution pure et simple du prix-fait de 1746 entre les parties contractantes. Balechou livrera les épreuves, *s'il en a,* et Le Leu lui en donnera cinquante, comme il est stipulé. Balechou est traité fort honnêtement : il prêtera serment qu'il ne retient point d'épreuves directement ou indirectement ; le juge a confiance dans sa bonne foi et ne voit rien d'illicite au tirage qu'il a fait faire par Tévenard.

Mais, dira-t-on, si Balechou a des épreuves ? nous le croyons bien ; il en a cinq ou six cents ; c'est très certain ; il n'y a pas d'erreur : le juge n'en est-il pas convaincu ? Comment se peut-il que.....

Attendez ; nouvelle requête de Balechou, devant le Parc civil du Châtelet de Paris, en exécution de la précédente sentence. Le Leu fait défaut à son tour. Il n'est pas content, Le Leu, car le juge ne parait pas mettre en lui une confiance égale à celle qu'il montre à Balechou. Le Parc civil décide que sa sentence du 24 mars sera exécutée en sa forme et teneur ; que, de plus, Le Leu sera tenu « de rapporter au greffe toutes ses écritures, procédures et mémoires, pour estre les injures qui y sont insérées contre Balechou, rayées et billées par le greffier », et si Le Leu ne fournit pas à son adversaire les estampes qu'il doit lui remettre, il les lui payera 24 livres chacune avec les intérêts ; il payera aussi les dépens. Cette sentence est du 11 mai 1751.

Elle est frappée d'appel par Le Leu et le Parlement en connait, un peu plus d'un an après, le 10 juillet 1752. c'est-à-dire lorsque les usages des graveurs et le nombre des épreuves qu'ils peuvent légitimement tirer ont été fixés par l'Académie royale de peinture. Voici en quels termes l'arrêt intervenu expose les prétentions de l'agent du Roi de Pologne :

« En conséquence, ayant égard aux preuves ressortantes de l'information convertie en enquête que le demandeur avait fait

faire devant le commissaire le 7 juillet au dit an (1750), et que
sans s'arrêter à l'enqueste faitte par le deffendeur cy-après nommé
devant le commissaire Dupré, le vingt-quatre juin et jours suivants au dit an, comme aussi aux prétendus reproches à tous
faits et discours y allégués, il fut fait deffense au dit deffendeur
de récidiver et de plus melaire et medire contre le demandeur ;
qu'il fut condamné à lui restituer les cinq cent cinquante estampes de S. M. le Roi de Pologne qu'il avait tiré à son profit contre
les termes du marché et au-dessus des cinquante promises par le
dit marché ; mettre au greffe de la Cour un acte par lequel il recon-
naîtrait le demandeur homme d'honneur et de probité non taché
des injures qu'il a répandues contre lui pour l'attentat qu'il a
commis envers S. M. le Roi de Pologne, pour son infidélité à
tenir ses engagements, pour les calomnies qu'il a répandues
contre le demandeur ; il fut condamné et par corps par forme de
dommages intérêts en cinq mille livres, ou en telle autre somme
qu'il plairait à la Cour, applicable du consentement du demandeur aux pauvres prisonniers de la Conciergerie ; qu'il fut
ordonné que l'arrêt qui interviendrait serait lu, publié et affiché
partout où besoin serait et que le dit deffendeur fut condamné en
tous les dépens tant en ceux faits au criminel qu'au civil, qu'en
ceux des causes principales d'appel et demandes, même en ceux
réservés par arrêt du vingt-sept mai 1750.... »

Or, voici l'unique et bref paragraphe du dispositif de l'arrêt du
Parlement, copié sur le parchemin vénérable de ses registres et
collationné sur la minute :

« La Cour, sans s'arrester à la requête de la partie de Paillet, —
« c'est l'avocat de Le Leu, — faisant droit sur les appellations, a
« mis et met les appellations au néant, ordonne que ce dont est
« appel sortira son plein et entier effet, condamne la partie de
« Paillet en l'amande de 12 livres et aux dépens des causes d'ap-
« pel et demandes, même en ceux de l'appointement à mettre. »

Voilà définitivement jugée l'affaire Le Leu contre Balechou, et
cette solution ne ressemble en rien à celle qui, on ne sait trop
pourquoi, a obtenu crédit auprès des écrivains d'art, de M. Guiffrey notamment, qui s'est le plus occupé de notre graveur, et
surtout auprès de M. Jacquemin, qui, travaillant sur les papiers
de Balechou, aurait dû savoir la vérité ou l'entrevoir.

Toutefois, si l'on doit considérer l'affaire comme terminée, le
respect de la chose jugée n'interdit pas les questions, ici surtout
où nous ne trouvons aucun motif à l'appui de l'arrêt. Nous ne

connaissons pas les raisons qui l'ont déterminé. Nous n'avons pas toutes les pièces du procès, et principalement cette décisive enquête en faveur de Balechou qui a été faite les 13, 16 et 24 juin 1750 devant le commissaire Dupré et qui, apparemment, est des plus concluantes aux yeux des magistrats du Châtelet et du Parlement.

Il faut donc y suppléer, et l'embarras, c'est d'échafauder une hypothèse favorable à Balechou avec les seuls documents de l'accusation dirigée contre lui.

Essayons.

IV.

Tout d'abord, si l'on envisage autre chose que la matérialité des faits, qui sont incontestables, mais qui ne suffisent pas pour constituer un délit ou un crime, on se rend compte qu'à aucun moment de l'affaire, il n'y a eu un préjudice causé par le graveur à Le Leu ou au Roi de Pologne.

Il n'y a jamais eu aucune estampe vendue par Balechou à son profit, comme son adversaire l'allègue dans sa plainte.

L'artiste est en rapport avec des marchands et des amateurs ; il leur montre des exemplaires du portrait, il en met en dépôt, il en prête, mais il a toujours soin de dire — et les témoignages à cet égard sont concordants et assez nombreux, — qu'il est en procès avec Le Leu, et qu'on ne doit point vendre d'estampes, avant que le procès ne soit terminé. S'il existait quelque doute à ce sujet, il faudrait remarquer que les exemplaires offerts en vente n'ont jamais dépassé le nombre des cinquante que Balechou doit avoir en toute propriété, d'après son marché.

Donc, aucun préjudice n'a été causé de ce fait.

Si nous tenons compte des déclarations produites par les témoins de Le Leu, et si nous ne leur objectons rien que les dires des propres témoins de l'accusation, il faut bien admettre aussi que les plaintes ne doivent pas être prises à la lettre et qu'elles contiennent quelques exagérations. Nous devons aussi nous demander quelle est la moralité de Le Leu, d'après Balechou, tout en faisant état que c'est un adversaire qui parle.

Or, celui-ci dit à plusieurs des personnes entendues dans les enquêtes, qui se gardent bien de le garder pour elles, que Le Leu est un fripon, un coquin, qui a exigé de lui des doubles quittances pour les acomptes qu'il lui délivre ; qu'il lui a fait un billet et qu'il a nié sa signature. On doit bien supposer qu'Auguste III ne commande pas un portrait de 5.000 livres pour s'acquitter avec des billets à ordre, que Le Leu a reçu les sommes qu'il aura à payer et que, s'il ne verse pas l'argent comptant et s'il lui substitue des billets, il y a là quelque chose d'assez suspect.

Nous avons vu par les décisions de la justice qu'avec cet agent du Roi de Pologne, les liquidations sont longues et souvent contentieuses, et qu'il ne remet à Balechou les estampes du portrait du comte de Brulh que sur une condamnation expresse. Ce point est formellement acquis ; si les autres griefs de Balechou restent à l'état d'allégations, on s'explique tout moins l'état d'esprit d'un homme qui veut prendre ses précautions vis-à-vis d'un intermédiaire, dont il n'a eu jusque-là à se louer en aucune façon.

N'y a-t-il donc pas une explication qui soit assez plausible du tirage d'un aussi grand nombre d'épreuves du fameux portrait ? et ne la trouvons-nous pas dans la déposition de la dame Jeanne Chardon, femme d'Antoine Bernard, maître et marchand grainier, et auparavant veuve du sieur Jean-Baptiste Ramont, maître peintre à Paris ?

Cette personne, âgée de 50 ans, est en relations avec Balechou ; elle lui a prêté à plusieurs reprises quelque argent ; elle en a été remboursée ; elle est désintéressée ; elle rapporte qu'à une date très précise, vers la Fête-Dieu de l'année 1749, le graveur lui dit que « celui qui lui avait donné le portrait du Roi à graver était parti pour la Pologne, en sorte qu'il pensait que la planche lui resterait, mais que, dans ce cas, il ne serait pas dupe et qu'il en tirerait bien de l'argent. »

Une déclaration à peu près semblable est faite par Antoine Bernard, mari de la dame Chardon, Balechou lui a dit à plusieurs reprises que si on ne le payait pas, il saurait se faire payer en faisant tirer des estampes et qu'il n'était point embarrassé de sa planche.

Admettons provisoirement ces prémisses, que rien ne contredit dans l'ensemble des déclarations, et voyons ce qu'on en peut déduire logiquement et raisonnablement, puisque nous sommes réduits aux hypothèses pour justifier les arrêts de la justice, ou du moins pour les expliquer.

Le Leu est en voyage ; il est parti sans prévenir Balechou et sans s'acquitter envers lui, conformément au contrat. L'artiste considère que tant qu'il n'est pas payé, la planche lûi appartient ; c'est ce qu'il déclare à un témoin. A quelle époque a lieu le tirage des estampes ? exactement à l'époque où Le Leu est absent. Sur cette date, tous les témoins sont d'accord. De toutes façons, Balechou prétend que, pour le tirage, il doit avoir le choix de l'imprimeur. Il est incontestable, en effet, que, sous la direction de l'auteur et selon les soins qu'il donnera et fera donner à cette opération, les épreuves seront plus parfaites et dignes de sa réputation.

Il charge donc Tévenard de tirer les estampes. Est-ce qu'il s'en défend ? nullement, et c'est ce qui explique pourquoi il y a tant de gens qui ont vu le tirage. Cette imprimerie n'est pas un lieu secret ; c'est plutôt un endroit très fréquenté, on y entre comme dans un moulin. Balechou est présent, ou c'est son élève qui préside à la mise sous presse.

Balechou s'entretient avec les visiteurs qui, tous, voient les estampes, les examinent, les apprécient, en supputent le nombre.

Si Balechou avait eu l'intention d'en faire un tirage furtif, manquait-il à Paris, ou à l'étranger, des imprimeries clandestines ?

Recommande-t-on à ce moment le secret à quelqu'un ? aucunement, et si, plus tard, l'artiste pouvait être réellement convaincu d'avoir tenu un propos compromettant ou simplement imprudent, c'est que l'accusation de Le Leu a pu le faire douter de son droit.

Et dès que cette hypothèse se fortifie en résistant aux objections, en se conciliant avec toutes les sentences du Châtelet et avec les deux arrêts du Parlement, on comprend que les juges aient foi dans le serment de Balechou ; condamnent Le Leu à lui livrer les 45 estampes qui reviennent au graveur comme supplément de rémunération et se bornent à rappeler à celui-ci que, moyennant l'entier paiement de son ouvrage, il ne devra en retenir aucun exemplaire.

On peut noter qu'une question de propriété artistique se grefferait peut-être sur les autres questions de fait et de droit.

Quoi qu'il en soit, et même si l'explication que j'ai tentée péchait par quelque point, il y a chose jugée, et au profit de Balechou ; Leleu, complètement débouté, est non seulement condamné à tous les dépens, mais encore à l'amende de fol appel.

V.

Ce qui est bien fait pour surprendre toutefois, et pour conseiller la prudence dans l'appréciation de faits d'un ordre aussi délicat, c'est que M. Jacquemin, correspondant du ministère de l'Instruction publique, qui croit le plus fermement à l'innocence de Balechou, qui dit avoir copié dans les papiers de sa famille un certificat de Lépicié et qui a publié le traité avec Le Leu d'après la pièce originale, ait adopté et propagé la version de son exclusion de l'Académie royale de peinture et de sculpture :

« Balechou, écrit-il, déclaré coupable, était condamné à quitter « la France et à voir son nom rayé comme flétri sur les registres « de l'Académie.... Balechou, la mort dans l'âme, le cœur brisé et « ulcéré, sortit de Paris et vint à Avignon.... »

M. Guiffrey, pour qui les procès-verbaux de l'ancienne Académie n'ont point de secret, avoue qu'il leur a vainement demandé la preuve de cette mesure rigoureuse. Pour moi, j'y ai trouvé la preuve contraire, et même plusieurs preuves ou qui me semblent telles.

Mais il est nécessaire de constater d'abord que les témoignages contemporains font défaut comme les documents. Seul, l'éloge de Balechou, publié par Palissot dans le *Nécrologe des hommes célèbres de France* en 1767, contient cette allusion : « L'honneur qu'il eut d'être chargé de graver le portrait du feu Roi de Pologne, père de Madame la Dauphine, lui attira la disgrâce de mourir hors de sa patrie qu'il aimait et qu'il honorait par son talent supérieur. »

L'auteur des *Philosophes,* qui ne montra guère de bienveillance désintéressée, plaide pour le graveur les circonstances atténuantes : « Il s'était engagé, dit-il, à ne tirer aucune épreuve de cette planche, qui est un de ses chefs-d'œuvre ; il manqua à ses engagements[1] ; et peut-être le sentiment de la beauté de son ouvrage fut-il le principe de cette faute expiée pendant tout le cours de sa vie. Peut-être fut-il jaloux de jouir dans son pays de l'honneur que cette riche estampe devait faire à son burin. »

Palissot n'avait qu'une vingtaine d'années lorsque se plaidaient

1. La convention du 27 juin 1746 ne porte que très implicitement un engagement de cette nature.

au Châtelet et au Parlement les procès de Le Leu et de Balechou. Parlait-il d'après les souvenirs des gens de lettres qui collaboraient avec lui au Nécrologe ou connut-il le graveur à Avignon, ayant été nommé receveur général des tabacs de cette ville en 1756? Je ne sais, mais son opinion devait être mentionnée.

On rencontre la même assertion chez un autre contemporain de l'artiste, avec qui il dit avoir été en relation : l'abbé de Capris de Beauvezer, prêtre à Cuers, dont l'éditeur du *Dictionnaire de la Provence* fait grand cas. Reproduit-il exactement les explications qu'il tenait de Bachelou lui-même? Elles ne concordent pas avec ce que nous savons de l'affaire par les publications de M. J. Guiffrey :

« Le portrait de Frédéric-Auguste, dit Beauvezer, est un chef-d'œuvre en fait de gravure. On prétendit que Balechou en avait distribué des épreuves contre l'intention de ceux qui l'avaient chargé de ce travail ; on crut le prouver par quelques esquisses que notre artiste avait mis au rebut et qu'on lui enleva furtivement ; et il n'en fallut pas davantage pour le perdre de réputation : il fut exclu de l'Académie et forcé de se retirer à Avignon...»

C'est sans doute au *Nécrologe* et au *Dictionnaire de la Provence* que tous les biographes ont emprunté la version de l'exclusion de l'Académie et de l'exil de Balechou. Si Diderot et Grimm ont parlé de lui sans bienveillance pour son caractère, ils ne sont guère précis, et c'est peut-être le cas de répéter ce que Chamfort disait à propos des bruits calomnieux : — Combien de gens qui ne fabriquent pas de fausse monnaie et ne se font aucun scrupule d'en mettre en circulation !

Il est pourtant un détail qui donnerait quelque crédit à l'exclusion de l'Académie, sans les preuves contraires que j'apporte. Je m'en voudrais de le passer sous silence, quoiqu'il n'ait été signalé par aucun écrivain.

Lorsque Nattier présente le 10 janvier 1750 à l'Académie de peinture deux épreuves d'une planche qu'il a fait graver par Balechou, d'après son portrait de la duchesse de Châteauroux, le procès-verbal fait suivre le nom du graveur de sa qualité d'Agréé.

Trois ans plus tard, le 23 février 1753, après la discussion du mémoire de l'ambassadeur de Pologne, Nattier présente à l'Académie deux épreuves d'une autre planche, gravée aussi par Balechou. Cette fois, le mot Agréé a disparu et n'accompagne plus le nom.

Ne l'ayant point trouvé dans les procès-verbaux imprimés, j'ai voulu vérifier s'il n'y avait là que l'omission d'un copiste. Non, l'original des procès-verbaux conservés à la Bibliothèque de l'École nationale des Beaux-Arts, est muet sur la qualité d'Agréé du graveur.

Cette omission est-elle voulue ou est-elle le résultat d'une erreur ? Il est bien difficile de le savoir, mais peut-elle prévaloir contre des faits positifs ?

Je rappelle que la prudence des membres de l'Académie a été extrême lorsqu'ils ont délibéré sur le mémoire de l'ambassadeur de Pologne, que le nom du graveur n'a pas été prononcé dans la délibération et le rapport.

Cette réserve s'expliquait fort bien ; elle s'imposait même. Au moment où ils ont à se prononcer, il y a déjà un an que le Parc civil du Châtelet a donné gain de cause à Balechou. S'il est vrai que l'affaire ait été portée en appel par Le Leu, il convient encore plus d'attendre le prononcé de l'arrêt et de répondre simplement au mémoire d'une façon tout impersonnelle.

Et c'est à ce parti que l'Académie s'arrête. Elle avait été appelée le 24 mars 1752 à statuer sur le mémoire de l'ambassadeur, présenté par un de ses membres, M. de Silvestre. Une commission est nommée, comme cela se voit encore aujourd'hui ; on la compose de tous les graveurs qui sont de l'Académie. La commission dépose promptement son rapport ; il est lu, discuté et adopté le 8 avril suivant, toujours sans que le nom de Balechou soit prononcé, et depuis lors, ni à la date du 15 avril, quoiqu'en dise Jacquemin, ni à aucune autre date, le procès-verbal des séances ne relate une mesure quelconque prise à l'égard du graveur du portrait d'Auguste III.

Se borne-t-on à garder le silence sur son compte, comme dans les familles où l'un des enfants a mal tourné ? A la vérité, il n'est plus question de lui et il n'a pas même deux lignes d'oraison funèbre. Il y a des apparences défavorables à notre artiste, mais si l'on étudie les faits et les documents, il ne subsistera rien de tout ce que, indifférent à sa réputation, Balechou a laissé s'accréditer. Et, d'abord, est-il vraisemblable, s'il était expulsé de l'Académie le 15 avril — il n'y a pas de séance du reste ce jour-là, — que dans l'audience du 10 juillet suivant du Parlement, Balechou soit qualifié de *graveur ordinaire du Roi en son Académie royale de peintures et sculptures ?*

Quand il grave les *Baigneuses,* dix ans plus tard, en 1762 —

nous savons la date par une lettre de Wille à Balechou, — celui-
ci les signe encore : *graveur du Roy*.

J'ai cité la gravure du *Calme*, qui est dédiée en 1753 à M. de
Marigny, en fonctions depuis le 1ᵉʳ décembre 1751 et de qui l'exclusion de Balechou n'aurait pas été ignorée ; j'ai cité aussi
Sainte-Geneviève, dédiée au Roi en 1759. J'ai sous les yeux une
lettre du 2 février 1757, adressée à M. de Marigny et qui est
signée : *J.-J. Balechou, graveur agréé à l'Académie royale de peinture, de présent à Avignon.*

Si l'artiste avait eu l'audace d'usurper une distinction qui lui
avait été retirée, aurait-il reçu la réponse que voici, et cette
réponse eût-elle été conçue dans des termes semblables ?

> « A Versailles, le 16 février 1757.
>
> « J'ay à vous remercier, Monsieur, de votre attention d'avoir
> « remis à M. le duc de Chaulnes, pour moy, un double de l'es-
> » tampe que vous avés gravée d'après M. Vernet. Je connois la
> « force, la délicatesse et la vérité de votre burin. Le portrait du
> « Roi de Pologne, électeur de Saxe, est un morceau qui fera
> « votre éloge dans la postérité la plus reculée, comme elle a fait
> « l'admiration de tous les connaisseurs qui l'ont veu au sortir de
> « vos mains. Je verrai avec bien du plaisir votre nouvel ouvrage
> « dès que M. le duc de Chaulnes me l'aura remis. Je suis, Mon-
> « sieur, votre très humble et très obéissant serviteur.
>
> « Signé : LE MARQUIS DE MARIGNY. »

Vers la même époque, les échevins de Marseille avaient demandé l'autorisation de faire graver par Balechou, « habile graveur qui se trouve dans cette province », l'estampe du portrait
du Roi accordé à la Ville. M. de Marigny, après en avoir entre-
tenu le Roi, donne cette autorisation dans des formes flatteuses
pour l'artiste et incompatibles avec la sentence d'exclusion et
d'exil dont il aurait été frappé.

Mais il y a mieux encore. M. Guiffrey se pose la question de
savoir si Balechou pourrait être exclu, n'étant qu'agréé et non
membre de l'Académie. Le cas s'est présenté de l'exclusion d'un
simple agréé, en novembre 1778; il s'agissait du peintre
Caresme.

Il y a un rapport du secrétaire, une décision de suspension
jusqu'à ce que le peintre se soit pleinement justifié; on lui enjoint
de répondre sous huitaine aux accusations qui lui sont commu-

niquées; à la séance suivante du 5 décembre, des commissaires sont nommés pour prendre une connaissance approfondie de l'affaire; le 16 décembre, sur une lettre du directeur et ordonnateur général des Bâtiments, M. d'Angivillier, qui presse l'Académie, la Compagnie répond « qu'elle a cru de son devoir et de la justice d'user jusqu'à ce jour d'une lenteur nécessaire à l'examen des preuves, dans une affaire d'où dépend le sort de l'un de ses membres», et ce n'est qu'après avoir lu toutes les pièces et justifications de Caresme, qu'il est exclu, « avec très expresses défenses et inhibitions de se dire désormais du corps de l'Académie, et de plus se qualifier peintre ordinaire du Roi, prérogative attachée au titre d'agréé, dont elle l'a déclaré et déclare déchu pour toujours ».

Dans la liste chronologique des membres de l'Académie, par M. Dussieux, Caresme figure comme seul exclu et Balechou simplement comme n'étant pas devenu académicien.

Je crois les preuves que j'ai données surabondantes, et je m'y tiendrai, sauf production de documents nouveaux.

Pour chercher une explication qui se concilie avec une prétendue exclusion et avec la réalité des événements, ne faudrait-il pas simplement penser que Balechou, peu encouragé à se présenter comme académicien, objet d'une suspicion injustifiée de la Dauphine par suite des intrigues de Le Leu, considéra cette défaveur comme un affront après le gain de son procès?

C'est là probablement qu'est la vérité; cela expliquerait le dépit du graveur, son départ volontaire de Paris, que déjà il voulait quitter en 1750 pour aller en Italie[1], et c'est peut-être ce qu'il donne à entendre à l'abbé de Beauvezer, avec le grossissement et l'exagération de toute mésaventure pour le méridional qu'il était. Ce qu'on a appelé l'exclusion de Balechou, c'est simplement sa non admission. Il n'avait du reste pas rempli toutes les conditions mises à son élection. Lorsqu'il avait été Agréé, le 29 mars 1749, il avait été chargé de graver les portraits du directeur Coypel et du recteur Caze. Il a exécuté le premier qui est parmi ses bons ouvrages, mais il n'a jamais gravé les traits du second.

Quant à croire que Balechou prit au tragique ces incidents, et que sa mort en soit résultée, cela est contredit par une lettre qu'il a adressée au célèbre graveur Wille, de l'Académie, qu'il appelle et qui l'appelle *cher confrère* :

1. Il propose au graveur Aveline, qui en témoigne dans l'enquête, de l'accompagner.

« Ma philosophie, écrit-il, accoutumée à des événements désagréables, ne s'en alarme plus, et va d'ailleurs son train.... »

Cette lettre, datée d'Avignon, est du 10 octobre 1762, moins de deux ans avant son décès, survenu le 8 août 1764.

Sa mort eut la cause la plus prosaïque du monde et je n'en dirais rien, s'il ne fallait en écarter toute pensée de désespoir. Voici comment le chanoine Arnavon la raconte :

« La servante a dit que la veille de sa mort, il avait mangé à son dîner environ deux livres de haricots verts, que le soir il avait soupé chez un ami et à son retour il avait achevé un reste de haricots. S'étant senti fatigué de *plénitude,* il avait d'abord voulu boire de l'eau chaude, et puis il avait bu une bonne rasade de ratafia, qui n'opérant pas de la manière qu'il aurait voulu, il prit consécutivement deux doses d'une poudre purgative qu'il disait ridiculement.... qu'il avait composée. »

Trouvé mort dans son lit à 5 h. 1/2 du matin, il fut inhumé dans le sanctuaire de l'église de Saint-Didier, du côté de la sacristie.

Je suis heureux d'avoir réhabilité la mémoire de J.-J. Balechou, qui eut à souffrir moins de la justice que de ses biographes. Si l'on ne peut pas, à propos de cet artiste, rappeler le vers célèbre sur

L'accord d'un beau talent et d'un beau caractère,

son talent apparaîtra désormais sans la tache dont on l'avait éclaboussé. Et le portrait gravé par Cathelin nous le montre maintenant avec un regard plus franc, une bouche sans aucun pli d'amertume, et nous découvrons dans cette figure « une philosophie qui ne s'alarme pas des événements désagréables de la vie [1]. »

1. La Société Vauclusienne des Amis des Arts a bien voulu décider, sur ma proposition, de faire, au mois de septembre prochain, une exposition de toutes les gravures de Balechou.

PIÈCES JUSTIFICATIVES.

*Nous croyons devoir rappeler que M. J.-J. Guiffrey a réuni,
annoté et publié dans les* Nouvelles Archives de l'Art français
*(2ᵉ série, tome III, Charavay, 1882) les plaintes de Le Leu et l'infor-
mation faite par André-François Le Clair, conseiller du roy et
commissaire au Châtelet de Paris. Les personnes que la question
intéresse pourront s'y reporter. L'étendue de ces documents ne
permet pas de les reproduire. Nous tenons du reste à ne donner ici
que des pièces inédites. Nous ne ferons exception que pour les
documents dont la connaissance est indispensable à l'intelligence du
procès ou essentielle à la biographie de Balechou.*

I.

LA CONVENTION ENTRE BALECHOU ET LE LEU.

Nous soussignés, sommes convenus de ce qui suit, savoir :

Que moi Jean-Joseph Balechou, m'engage à graver entière-
ment au burin le portrait de S. M. le Roi de Pologne, électeur de
Saxe, conformément à l'original qui m'en a été remis, peint par
M. Rigaud, sur une planche de cuivre de la hauteur de deux
pieds quatre lignes sur un pied cinq pouces quatre lignes de
large, dans l'espace de deux ans, à commencer de ce jour 27 juin,
pour le prix de 5.000 livres qui me seront payées en quatre
termes et paiements égaux, savoir : le premier en commençant le
dessin du dit portrait, et les suivants de six mois en six mois, à
l'exception du dernier qui ne me sera fait qu'en rendant la planche faite et parfaite, et après qu'il en aura été tiré des épreuves
pour être jugé dudit ouvrage a dire d'experts.

Fait double à Paris le 27 juin 1746.

Signé : BALECHOU.

Moi, Théodore Le Leu, agent de S. M. le Roy de Pologne, m'engage et promet de payer à M. Jean-Joseph Balechou la somme de 5.000 livres pour le paiement du portrait de S. M. le Roy de Pologne, mon maître, que j'ai eu ordre de faire graver de la grandeur spécifiée ci-dessus, dans l'espace de deux années, y comprises à dater de ce jour, lequel paiement se fera en termes égaux, dont le premier en commençant ladite gravure du portrait d'après l'original que je lui ai remis, peint par M. Rigaud, les suivants de six mois en six mois, à l'exception du dernier qui ne sera fait que lorsque le sieur Balechou me remettra sa planche parfaite, c'est-à-dire qu'il m'en sera fourni des épreuves approuvées d'experts. En outre, je m'oblige de lui remettre en me donnant la planche, le portrait original et le dessin qu'il en aura fait au crayon noir, le nombre de cinquante épreuves en sus de ladite somme.

Fait à Paris, entre nous, le 27 mai 1746.

Signé : Le Leu [1].

II.

CHATELET DE PARIS. PARC CIVIL. — SENTENCE D'AUDIENCE [2].

Du mercredi dix-sept juin 1750.

Sur la requête faitte en jugement devant nous, à l'audiance du Parc civil du Châtelet de Paris, par Me Nicolas Deyeux l'ainé, procureur du Sr Théodore Leleu, agent du Roy de Pologne, électeur de Saxe, demandeur, aux fins de la requête présentée à Monsieur le lieutenant civil, au bas de laquelle est son ordonnance, en datte du 8 juin présent mois, et de l'exploit d'assignation donné en conséquence, le neuf du même mois de juin, par Sauvé, huissier à verge, en cette cour, controllé à Paris le lendemain par Piton et présenté au greffe le douze du même mois par Boyer, et deffendeur à la demande en nullité du dit exploit, portée par le moyen signifiée le dix du dit mois de juin, le tout tendant aux fins y contenues, avec dépens, assisté de Me Huchefié, son avocat, contre Me de la Rivoire, procureur du Sr Jean-Joseph

---

1 Le Plutarque provençal, article Balechou, par M. Louis Jacquemin, p. 80-81, d'après qui les termes de ce traité ont été pris à la pièce originale. On remarquera la différence des dates qui provient sans doute d'une erreur de copie.

2. Archives nationales, Y 1285.

Balechou, graveur à Paris, deffendeur aux requête et exploit
sus dattés et demandeur incidemment, suivant ses moyens aussi
sus dattés, assisté de M° Dandasne son avocat, partyes ouyes,
sans que les qualités puissent nuire ny préjudicier, noûs, sans
avoir égard à la demande de la partie de Dandasne, afîn de procéder à la Chambre civille, dont nous la déboutons, disons que
les parties procéderont au Parc civil, dépens réservé.

Fait par M. le lieutenant civil,

DESPRÉS [1].

III.

Du jeudy 25 juin 1750 [2].

Sur la requête faitte en jugement, devant nous à l'audiance
du Parc civil du Châtelet de Paris, par M° Nicolas Deyeux l'ainé,
procureur du sieur Théodore Leleu, agent du Roy de Pologne,
électeur de Saxe, demandeur, aux fins de la requête présentée à
Monsieur le lieutenant civil, au bas de laquelle est son ordonnance en datte du 8 juin présent mois, et de l'exploit d'assignation
donné en conséquence, le 9 du même mois de juin, par Sauvé,
huissier à verge, en cette cour, controllé à Paris, le lendemain,
par Piton et présenté au greffe le douze par Boyer, tendant aux
fins y contenues, assisté de M° Huchedé, son avocat, contre M°
de la Rivoire, procureur du sieur Jean-Joseph Balechou, graveur
à Paris, deffendeur aux requête et exploit susdattés, asssisté de
M° Dandasne, son avocat, parties ouies, sans que les qualités
puissent nuire ni préjudicier ; nous, sans s'arrester à la demande
de la partye de Huchedé, affin de faire preuves du nouveau fait
contenu en la requête dont nous l'avons déboutté, avons les dites
informations converties en enquêtes et, en conséquence, permis
aux partyes de faire preuves respectives de leurs faits, à l'effet de
quoy sera donné copie de la plainte, nom, surnom, âge, qualité
et domicile des témoins ; savoir : à la partie de Huchedé par
devant le commissaire Leclair, et à celle de Dandasne devant le
commissaire par nous commis, et ayant aucunement égard à la
dite requête, avons le délay pour faire enquête respectivement

---

1. Nom du greffier des audiences du Parc civil et du Présidial. Jaquotot. qui a
signé la sentence suivante, est greffier pour l'expédition des sentences.

2. Archives nationales, Y 1285.

prorogé de suite aux partyes, lequel delay ne commencera à courir que du jour de la signiffication de notre présente sentence, dépens, dommages et intérêts réservés, exécuté nonobstant et sans préjudice de l'appel.

Fait par M. le lieutenant civil.

JAQUOTOT.

IV.

Du mercredy 9 septembre 1750 [1].

Sur la requête faitte en jugement devant nous, à l'audience du Parc civil du Châtelet de Paris, par M⁰ Denis Henry de la Rivoire, procureur du sieur Jean-Joseph Balechou, graveur ordinaire du Roy, en son académie roialle de peinture et sculpture, demandeur, en exécution de l'arrest du Parlement du 27 may 1750, aux fins de la requête verballe du 4 aoust suivant, aux fins des reproches du 12 du dit mois d'aoust, et aux fins de la requête verballe du 18 aussy du même mois, deffendeur à la requête verballe du 31 aussy du même mois d'aoust, et demandeur suivant les exceptions du 3 du présent mois de septembre, afin de coppie entière de la plainte en information convertie en enquête par le dit arrest et communication avec déplacement de la dite information et de l'enquête, sous approbation d'icelles et autres fins, assisté de M⁰ Dandasne, son avocat, contre M⁰ Nicolas Deyeux l'aisné, procureur du sieur Théodore Leleu, deffendeur et demandeur, assisté de M⁰ Huchedé, son avocat. Parties ouyes, sans que les qualités puissent nuire ny préjudicier. Nous, disons que la partie d'Huchedé sera tenue de donner à celle de Dandasne coppie entière et correcte de l'information convertie en enqueste, pour en venir au premier jour avec les gens du Roy, sinon sera fait droit, ce qui sera exécuté nonobstant et sans préjudice de l'appel.

Fait par M. le lieutenant civil.

DESPRÉS.

1. Archives nationales, Y 1289.

V.

Du mercredy 24 mars 1751 [1].

Sur la requête faitte en jugement devant nous, à l'audience du Parc civil du Châtelet de Paris, par M⁰ Denis Henry de la Rivoire, procureur du sieur Jean-Joseph Balechou, graveur ordinaire du Roy, en son accadémie roialle de peinture et sculpture, demandeur aux fins de la plainte par luy rendue à M⁰ Dupré, commissaire en cette cour, le 28 novembre 1749, aux fins de l'exploit d'assignation, Daublet, huissier, du 21 du même mois de novembre, controllé le 22 du dit mois par Messonnyer, suivant la sommation du 10 décembre ensuivant, aux fins de la sommation du 28 février 1750; de l'assignation par icelle, Daublet, huissier, du 7 mars 1750, controllé le même jour par Meyssonnyer, présenté et controllé aussy le même jour par Daminois, procureur, portée en la chambre civille afin de condamnation de 50 épreuves du portrait du Roy de Pologne, électeur de Saxe, et 30 épreuves du portrait de M. le comte de Bruhl, premier ministre de sa dite Majesté polonoise, l'un et l'austre gravé par le dit sieur Balechou, la dite demande renvoiée par devant nous, au Parc civil, par jugement du parquet du 15 janvier 1751, en exécution de l'arrest contradictoire du Parlement du 27 may 1750, qui converti en enquête les informations du cy-après en mettans sur l'extraordinaire hors de cours et renvoie les parties à fins civilles, signiffié le 5 juin suivant; et aux fins de la sommation du 6 du dit mois, deffendeur à l'assignation portée par les requête et explois des 8 et 9 du dit mois de juin, sur laquelle est la présentation et controlle du même jour, 9 juin, par Boyer, procureur, demandeur, suivant ses moiens du 10 du dit mois aux fins de la requête et ordonnance de Monsieur le Lieutenant civil aussy du 10 du dit mois qui commet M⁰ Dupré, commissaire, pour faire l'enquête du dit sieur Balechou, ordonnée par le dit arrest, devant lequel M⁰ Dupré, le dit sieur Balechou a fait faire sa dite enquête les 13 et 16 du dit mois de juin, demandeur suivant ses reproches et requête verballe des 12 et 18 aout 1750, deffendeur à la requête verballe du 31 du dit mois d'aoust, demandeur en exécution de notre sentence contradictoire du 9 septembre de la même année,

1. Archives nationales, Y 1296.

suivant la sommation faitte à M⁰ Leclerc, commissaire le 5 janvier 1751 et l'acte de dépost par luy fait le même jour à M⁰ Hustrelle, notaire en cette cour, et aux fins de la requête verballe du 14 du dit mois de janvier, deffendeur à la requête verballe du 18 aussy du même mois, assisté de M⁰ Douet d'Arcq, son avocat, contre M⁰ Nicolas Deyeux l'ainé, procureur du sieur Théodore Le Leu, agent de Sa Majesté le Roy de Pologne, électeur de Saxe, deffendeur, et demandeur aux fins de ses requête et exploi des 8 et 9 juin 1750, en exécution de nos sentences des 17 et 25 du même mois et aux fins des requêtes verballes des 31 aoust 1750 et 18 janvier 1751, et suivant son exploi d'offres de remettre les dites 30 épreuves, du 26 du dit mois de janvier, assisté de M⁰ Huchedé son avocat : Parties ouyes ensemble noble homme Monseigneur M⁰ Moreau, premier avocat du Roy en ses conclusions, sans que les qualités puissent nuire ni préjudicier, nous faisons deffenses respectives aux parties de se méfaire ni médire, disons que les termes injurieux portés par les écritures et mémoires seront raiés et demeureront suprimés *et sans avoir égard aux demandes de la partie d'Huchedé dont nous l'avons debouttez disons que les conventions seront enullées, en conséquence condamnons la partie d'Huchedé de fournir et remettre à la partie de Drouët trente épreuves du portrait du premier ministre de Pologne, suivant les offres de la dite partie d'Huchedé et quarante-cinq épreuves restant des cinquante du portrait du Roy de Pologne, électeur de Saxe, en affirmant par la partie de Douët n'avoir par devers luy que cinq des dites cinquante épreuves, donnons lettres de l'affirmation de la dite partie de Douët par luy présentement faitte en conséquence notre sentence executée condamnons la partie d'Huchedé en tous les dépens même en ceux réservés par l'arrest, ce qui sera exécuté nonobstant et sans préjudice de l'appel*[1].

Condamnons la partie d'Huchedé à remettre à celle de Douët d'Arcq, quarante-cinq épreuves du portrait du Roy de Pologne, électeur de Saxe, restantes à luy fournies des cinquante, la partie de Douët d'Arcq remettra à celle d'Huchedé les épreuves parfaites du portrait du Roy de Pologne, si aucunes il a, à l'exception des cinq qu'elle a en sa possession et se purgera par serment qu'elle n'en retient aucune autre directement ni indirectement, comme aussy condamnons la partie d'Huchedé, suivant ses offres, à remettre à celle de Douët d'Arcq trente épreuves du portrait du

---

1. La partie en italiques a été barrée sur l'original de la sentence.

comte de Bruhl ; sur le surplus des demandes, mettons les parties hors de cour, en cas d'affirmation, condamnons la partie d'Huchedé aux dépens, donnons lettres à la partie de Douët d'Arcq de l'offre par elle faite présentement aux termes de nostre présente sous laquelle sera exécutée sans préjudice de l'appel.

Fait par M. le Lieutenant civil.

Desprès.

VI.

Du mardy 11 mai 1751 [1].

Sur la requête faitte en jugement, devant nous, en l'audience du Parc civil du Châtelet de Paris, par M° Denis Henry de la Rivoire, procureur du sieur Joseph Balechou, graveur ordinaire du Roy, en son accadémie roialle de peinture et sculpture, demandeur en exécution de notre sentence contradictoire du 24 mars dernier, sauf néanmoins les voyes de droit contre icelle aux chefs qui luy font griefs et aux fins de la requête verballe du 24 avril suivant, aux conclusions y contenues et en exécution de notre sentence contradictoire de remise du 4 du présent mois, assisté de M° Douët d'Arcq, son avocat, contre M° Nicolas Deyeux l'aisné, procureur du sieur Théodore Leleu, agent de Sa Majesté le Roy de Pologne, électeur de Saxe, deffendeur ; ouy le dit M° Douet d'Arcq et par vertu du deffaut de nous donné contre le dit M° Deyeux, au dit nom, non comparant, duement appellé, lecture faitte des pièces et de l'avenir (?) à ce jour ; nous disons que notre sentence contradictoire du 24 mars dernier sera exécutée selon sa forme et teneur, et faisant que dans trois jours pour tout délay à compter du jour de la signification de notre présente sentence. La partie de Deyeux sera tenu de raporter en notre greffe, toutes ses écritures, procédures et mémoires, pour estre les injures qui y sont insérées contre la partie de Douët d'Arcq, raiées et biffées par notre greffier. Comme aussi disons que dans huitaine pour tout délay, à compter du dit jour de la signification de notre présente sentence, la partie de Deyeux sera tenue de fournir à la dite partie de Douët d'Arcq les quarante-cinq estampes parfaittes du portrait du Roy de Pologne qu'il est condamné de fournir à la dite partie de Douët d'Arcq par notre dite sentence du 24 mars

<hr>

1. Archives nationales, Y 1298.

dernier ; et les trente estampes parfaittes du portrait du comte de
Bruhl, que la dite partie de Deyeux suivant ses offres réelles, est
aussi condamné de fournir à la dite partie de Douët d'Arcq par
notre ditte sentence, sinon et faute de ce faire dans le dit delay
de huitaine, et iceluy passé en vertu de notre présente sentence
sans qu'il en soit besoin d'austre, condamnons la dite partie de
Deyeux à paier à la partie de Douët d'Arcq le prix de ses quarante cinq estampes d'une part, et trente d'austre, à raison de
vingt-quatre livres chacune avec les intérêts au dit cas de la
somme de dix-huit cent livres montant de la dite somme à
compter du jour de la demande, suivant l'ordonnance à ce jointe
de laquelle somme de dix-huit cent livres et intérêts, la dite
partie de Deyeux sera contrainte par toutes voyes dues et raison-
nables ; condamnons la partie de Deyeux aux dépens, ce qui sera
executé nonobstant et sans préjudice de l'appel et soit signiffié.

Fait par le lieutenant civil.

Duchesne.

VII.

Parlement de Paris, Plaidoiries ; Séance du 10 juillet 1752[1].
Président : M. Defourcy ou M. Poncet[2].

Entre Théodore Leleu, agent de Sa Majesté le Roy de Pologne,
électeur de Saxe, apelant des sentences contre lui rendues au
Châtelet de Paris, les vingt-quatre mars et unze may mil sept cent
cinquante-un et de tout ce qui a suivy d'une part, et le sieur Jean
Joseph Balechou, graveur ordinaire du Roy, en son accadémie
royalle de peintures et scultures de Paris, intimé, d'autre part,
et entre le dit sieur Balechou demandeur en requeste du douze
novembre mil sept cens cinquante-un, à ce qu'en venant plaider par
les parties la cause d'entr'elles, sur l'appel interjetté par le dit Leleu
des dites deux sentences du Châtelet de Paris, des dits jours vingt-
quatre mars et unze may mil sept cens cinquante un et de tout ce
qui a précédé et suivy, le dit sieur Leleu fut déclaré purement et
simplement non recevable dans son apel et condamné en l'amande

---

1. Archives nationales X¹ᵇ 8029.
2. L'original n'indique point l'audience du matin ou du soir présidée par l'un ou
l'autre.

de soixante-quinze livres et aux dépens de la cause d'apel, frais et mises d'exécution faits par le demandeur, d'une part, et le dit sieur Leleu deffendeur, d'autre part, et entre le sieur Leleu, demandeur en requeste du cinq février mil sept cens cinquante deux, à ce que sans s'arrêter à la requête du dit Balechou, l'apellation et ce dont est apel fussent mises au néant, émandant il fut déchargé des condamnations contre lui prononcées par les dites sentences, à l'exception en ce qui concerne les trente exemplaires du comte de Bruhl que le demandeur avait offertes, en conséquence, ayant égard aux preuves résultantes de l'information convertie en enqueste, que le demandeur avoit fait faire devant le commissaire, le sept juillet au dit an; et que sans s'arrêter à l'enqueste faitte par le deffendeur ci après nommé, devant le commissaire Dupré, le vingt-quatre juin et jours suivans, au dit an, comme aussi aux prétendus reproches à tous faits et discours y allégués, il fut fait deffenses au dit deffendeur de récidiver et de plus mefaire et medire contre le demandeur, qu'il fut condamné à lui restituer les cinq cens cinquante estampes de Sa Majesté le Roy de Pologne qu'il avoit tiré à son proffit contre les termes du marché et audessus des cinquante promises par le dit marché. Mettre au greffe de la cour un acte par lequel il reconnoistrait le demandeur homme d'honneur et de probité non taché des injures qu'il a répandues contre lui, pour l'attentat qu'il a commis envers Sa Majesté le Roy de Pologne, pour son infidélité à tenir ses engagemens, pour les calomnies qu'il a repanduës contre le demandeur, il fut condamné et par corps, par forme de dommages intérêts, en cinq mille livres, ou en telle autre somme qu'il plairoit à la cour, applicable du consentement du demandeur aux pauvres prisonniers de la Conciergerie, qu'il fut ordonné que l'arrêt qui interviendroit seroit lû, publié et affiché partout où besoin seroit et que le dit deffendeur fut condamné en tous les dépens, tant en ceux faits au criminel qu'au civil, qu'en ceux des causes principale, d'apel et demandes même en ceux réservés par arrêt du vingt-sept may mil sept cens cinquante d'une part, et le dit sieur Balechou, deffendeur d'autre part, sans que les qualités puissent nuire ni préjudicier aux parties. (Signé) SAURY.

Arrêt contradicloire sur délibéré du dix juillet 1752.

Me Paillet des Brunières, avocat du sieur Leleu, apelant.
Me Cocquerau, avocat du sieur Balechou, intimé;

Après que Paillet, avocat de Théodore Leleu et Coquereau, avocat de Jean-Joseph Balechou, ont été ouïs et qu'il en a été délibéré ;

La Cour, sans s'arrêter à la requête de la partie de Paillet, faisant droit sur les appellations, a mis et met les appellations au néant, ordonne que ce dont est appel sortira son plein et entier effet, condamne la partie de Paillet en l'amande de 12 livres et aux dépens des causes d'apel et demandes, même en ceux de l'appointement à mettre. Fait le 10 juillet 1752.

L'an mil sept cinquante deux, le unzième jour de juillet, à la requête du sieur Balechou cy-dessus dénommé, demeurant à Paris, rue Saint-Étienne des Grés, pour lequel domicile est élu chés M° Pierre Saury, procureur au Parlement, demeurant à Paris, rue Pierre Sarazin, paroisse Saint-Benoist, j'ai Jean-Pierre Peschot, huissier au Parlement, demeurant rue des Marmouzets, paroisse Saint-Pierre aux Bœufs, soussigné, signifié et baillé copie au sieur Leleu, dénommé des autres parts, en son domicile, à Paris, rue des Fauconniers, derrière l'*Ave Maria,* en parlant à une servante, laquelle a refusé de dire son nom, de ce sommée.

Des qualités de l'arrêt contradictoirement renduë sur délibéré par nos seigneurs de Parlement en la grande Chambre, le dix juillet présent mois, à ce qu'il n'en ignore, et lui ay en son domicile et parlant que dessus laissé copie tant des dites qualités que du présent.

PESCHOT.

Controllé à Paris, le 12 juillet 1752.

(*Signature illisible.*)

VIII.

BALECHOU ET L'ACADÉMIE.

Nous croyons devoir citer, d'après les procés-verbaux de l'Académie publiés par M. de Montaiglon et M. Guiffrey, tout ce qui a trait au mémoire de l'ambassadeur du Roy de Pologne et à l'exclusion de Caresme. Malgré les commentaires de M. Jacquemin[1], on

---

1. On ne peut pas prendre à la lettre les renseignements cités par Jacquemin. En voici la preuve.

Cet écrivain dit avoir vu en original dans les papiers de la famille de Balechou, le certificat ci-après :

verra que le nom de Balechou n'est pas prononcé, qu'il n'y a aucune décision d'exclusion contre lui et que la procédure employée à l'égard de Caresme n'a pas été suivie contre le graveur.

M. de Montaiglon, qui avait adopté la version de M. Jacquemin, n'a fait que postérieurement cette publication, qui l'aurait détrompé :

Du 24 mars 1752.

MÉMOIRE REMIS PAR M. DE SILVESTRE. — Ensuite M. de Silvestre, ancien recteur, a remis au secrétaire, pour en faire lecture, un mémoire signé de M. le comte de Loss, ambass(ade)ur[1] de Sa Majesté Polonoise, tendant à consulter l'Académie sur les usages de la gravure, par rapport aux planches que les particuliers font graver, lequel mémoire contient treize articles.

LECTURE FAITE DE CE MÉMOIRE ET COMMISSAIRES NOMMÉS POUR L'EXAMINER. — Lecture faite de ce mémoire, M. de Silvestre a prié l'Académie de choisir des commissaires pour examiner le dit mémoire et donner, sur chaque article, une réponse décisive.

En conséquence, la Compagnie a nommé à cet effet tous les graveurs de son corps, sçavoir : M. Duchange, M. Massé, le Secrétaire, M. Audran, M. de Larmessin, Cochin père et fils, M. Moireau, M. Daullé, M. Le Bas et M. Tardieu, lesquels commissaires s'assembleront, dans l'Académie, au jour indiqué par le professeur en exercice, pour conférer ensemble et donner leur décision sur tous les articles énoncés dans le mémoire. Ce fait, ils en rendront compte à l'assemblée suivante.

8 Avril 1752.

RAPPORT DES COMMISSAIRES AU SUJET DU MÉMOIRE PRÉSENTÉ PAR M. DE SILVESTRE. — Relativement à la délibération du 24ᵉ mars

« Le sieur Jean-Joseph Balechou, graveur, natif d'Arles, ayant montré de ses ouvrages, la compagnie, après avoir pris les voix à l'ordinaire et reconnu sa capacité, a agréé sa présentation et lui a ordonné d'exécuter pour son entrée à l'Académie le portrait de M. Coypel, directeur, et celui de M. Caze, chancelier et recteur.

« Nous soussigné, secrétaire de l'Académie royale de peinture et de sculpture, certifions l'extrait ci-dessus véritable, en foi de quoi nous avons signé le présent certificat et y avons mis le sceau de l'Académie.

« Fait à Paris, au Louvre, le 23 mars 1749.

« Signé : LÉPICIÉ. »

Le premier paragraphe du certificat est extrait textuellement des procès-verbaux de l'Académie, mais la date ne peut être exacte, car Balechou n'a été agréé que postérieurement, le samedi 29 mars 1749.

2. Il y avait d'abord : du sieur Le Loss, agent. On lit en marge : « Approuvé la rature de cinq mots et le changement fait en conséquence. » (Note de J.-J. Guiffrey.)

dernier, le Secrétaire a fait rapport que le mercredi suivant, 29 du même mois. MM. les Commissaires s'étant assemblés en comité dans l'Académie, ils avaient procédé à l'examen du mémoire sur les usages de la gravure, présenté par M. de Silvestre et signé par M. le comte de Loss, ambassadeur de S. M. le Roy de Pologne, électeur de Saxe ; qu'après en avoir discuté les treize articles avec l'attention la plus scrupuleuse, ils y avaient joint leurs décisions en marge, qu'ils soumettaient aux lumières de l'Académie.

Mémoire à consulter présenté à l'Académie royale de peinture et de sculpture par M. de Silvestre ; lequel mémoire est signé par M. le comte de Loss, ambassadeur de S. M. le Roy de Pologne, électeur de Saxe, près le Roi T. C.

Art. Ier. — L'on demande s'il est permis à un graveur de faire tirer plusieurs centaines d'exemplaires d'une planche finie avant que de la rendre à celui qui en a ordonné la gravure [1].

R. *Non*.

2º — Dans le cas où la convention faite avec le graveur fixerait le nombre des épreuves qui seraient promises au graveur, ne fût-ce que la quantité de deux, lui est-il permis d'en faire tirer davantage à son profit, à l'insçu du propriétaire de l'ouvrage ?

R. *Non*.

3º — Qu'un graveur, pour s'excuser des impressions furtives, dise que l'ouvrage n'étoit pas fini, ce fait peut-il passer pour certain lorsque lad. impression s'est faite depuis qu'une compagnie aussi éclairée que l'Académie royale de peinture et sculpture avoit reconnu l'ouvrage parfait et en conséquence agréé son auteur comme capable de devenir un de ses membres ?

R. S'il était prouvé que, sur les sentiments de quelques académiciens, l'artiste eût fait des changements considérables, ces changements ne pourroient pas l'avoir engagé à plus d'une quarantaine d'épreuves.

4º Un ouvrage ne doit-il être regardé comme parfait qu'autant qu'il seroit impossible d'y trouver à désirer ? Au contraire, n'est-ce pas un des caractères essentiels des ouvrages des hommes d'être susceptibles de mieux ?

---

1. Sur le registre original, la question occupe la partie droite de la page, la réponse est copiée dans la marge, en regard. Nous la mettons ici au-dessous de la question. (Note J. Guiffrey.) *Nouv Archives Art français.*

En effet, n'entend-on pas tous les jours dire aux artistes en parlant des anciens célèbres peintres d'Italie et de France que l'un manquoit du côté de la couleur; l'autre, du côté de la correction du dessin, l'autre n'a point les effets de lumière heureux, etc., sans que pour cela aucun desd. peintres ne soient regardés avec admiration par ceux qui en parlent ainsi ?

R. Cette question a paru inutile attendu qu'elle n'a aucun rapport avec les usages de la gravure.

5º Est-ce un prétexte recevable de la part d'un artiste pour excuser l'impression de six cents exemplaires qu'il a fait faire depuis son agrément à l'Académie, et avant que son ouvrage soit livré, que de dire qu'il ne se conduit pas suivant les usages des autres graveurs ?

R. *Ce prétexte n'est point recevable.*

Peut-il être donc nécessaire à un habile homme de faire imprimer de suite pendant plusieurs jours et même des semaines entières d'un ouvrage de quelque conséquence que ce soit, pour voir le degré où en est le travail ?

R. *Non.*

6º A combien à peu près, pour le plus, peut-on faire monter la totalité des épreuves nécessaires à un graveur pour conduire un ouvrage depuis le commencement jusqu'à la fin ?

R. 50 ou 60 ordinairement pour les grands ouvrages ; 100 épreuves au plus fort, même en comprenant le cas énoncé dans la réponse à l'article 3.

7º Dans le cas où l'ouvrage aurait été rectifié en quelque chose, est-ce un motif pour en faire imprimer de suite pendant plusieurs semaines le nombre de six cents exemplaires ?

R. *Non.*

Quel est là-dessus l'usage, et combien à peu près est-il besoin de faire tirer d'épreuves de suite pour connaitre si l'on a réparé ce qui manquait audit ouvrage ?

R. En cecy, les usages peuvent varier, néantmoins il ne peut pas être nécessaire d'en faire tirer plus de douze de suite, et ce nombre même, répété plusieurs fois, doit toujours entrer dans celui des 100 épreuves énoncé à l'art. 6.

8º Des épreuves non finies d'une planche peuvent-elles être bonnes à vendre ou à faire des présents à des personnes que l'on considère, et surtout en y joignant la dépense d'un cadre et de sa glace ?

R. *Arbitraire.*

9° Est-il permis à un graveur de faire des présents ou de vendre des épreuves finies qu'il auroit légitimement, et ce, avant que celui-ci à qui est l'ouvrage les ait lui-même mis au jour?

R. Non, à moins que le propriétaire n'y consente.

10° Peut-on regarder comme des épreuves défectueuses toutes celles dont les défauts seront recommandables par un coup de crayon noir ou de plume qui remplit les blancs causés par le manque d'impression?

R. *Non.*

11° Ces petits défauts, presqu'inévitables dans les grands ouvrages, exigent-ils une nouvelle impression d'autres estampes lorsqu'il n'est question simplement que de reconnaître le degré où en est l'ouvrage?

R. Cet article n'est pas clair.

12° Un imprimeur peut-il, en y donnant des soins extraordinaires, faire d'une planche affaiblie par l'impression quelques épreuves aussi parfaites et d'un ton aussi ferme que lorsque la planche était neuve?

R. Non.

13° Enfin doit-il être question entre l'imprimeur et le graveur d'un prix fixe pour chaque cent d'impression d'un ouvrage dont il n'auroit besoin que des épreuves à faire pour conduire le travail jusqu'à sa fin?

R. Ce n'est pas l'usage.

Signé : J.-C. DE LOSS.

Nous soussignés, commissaires nommés par délibération du 24 mars dernier, en exécution des ordres de l'Académie royale de peinture et de sculpture, certifions qu'après un meur examen, nous avons, suivant nos lumières et notre conscience, dit vérité sur les treize articles énoncés dans le mémoire cy-dessus. En foi de quoi nous avons signé et fait parapher par M. Lépicié, l'un de nous et secrétaire de l'Académie, chacune des réponses mises en marge.

Fait à Paris, au Louvre, l'assemblée tenante le samedi 8 avril 1752.

Et ont signé : Duchange, 50 au plus ; Audran, 25 au plus ; Lépicié ; Massé ; de Larmessin ; L. Surugue ; J. Mayreau ; J. Daullé ; Cars ; Tardieu ; Le Bas ; Cochin ; Cochin fils ; Surugue le fils.

LÉPICIÉ.

APPROBATION DES DÉCISIONS DES COMMISSAIRES. — La Compagnie, après avoir entendu une seconde lecture dudit mémoire, et les réponses y jointes, les a approuvées comme conformes à l'usage et à l'équité, et elle a ordonné que la minute en resteroit à l'Académie, que le contenu seroit couché sur le registre à la suite de la présente délibération, et que copie en seroit délivrée par le Secrétaire à M. de Silvestre.

*\
* *

10 JANVIER 1750.

M. Nattier a présenté à l'assemblée deux épreuves d'une planche qu'il a fait graver d'après un de ses tableaux (portrait de la duchesse de Chateauroux), par le sieur Balechou, *agréé,* dont le sujet représente, sous la figure d'une femme, l'emblème de la Force. L'examen fait, la Compagnie a approuvé la dite planche, pour faire jouir l'exposant des privilèges accordés à l'Académie par l'arrest du Conseil d'État du 28 juin 1714.

23 FÉVRIER 1753.

M. Nattier a présenté deux épreuves d'une planche qu'il a fait graver par le sieur Balechou (le procès-verbal ne mentionne pas qu'il est Agréé, comme ci-dessus) et dont le sujet représente le portrait de Madame Infante, duchesse de Parme ; l'examen fait, la Compagnie a approuvé la dite planche, pour faire jouir l'exposant des privilèges accordés à l'Académie par l'arrest du Conseil d'État du 28 juin 1714.

*\
* *

28 NOVEMBRE 1778.

EXCLUSION DU PEINTRE CARESME[1].

Ouï le rapport du secrétaire sur les bruits qui se répandent et se confirment universellement contre le sieur Caresme, Agréé,

---

1. Philippe Caresme, né en 1734, mort en 1796, élève de Coypel. Il obtint le deuxième prix de peinture de l'Académie en 1761, fut agréé en 1766. Assézat prétend qu'il fut exclu pour n'avoir pas fourni son morceau de réception. Il paraît y avoir eu des raisons d'un ordre différent. Diderot goûte assez son talent :

Parlons de ses têtes peintes, dit-il, de ses études et surtout de ses dessins coloriés

l'Académie, vu la gravité des accusations contre le sieur Caresme et leur publicité, a préalablement suspendu et suspend à son égard *l'effet des droits attribués au titre d'Agréé,* dont il est revêtu, jusqu'à ce qu'il se soit pleinement justifié. En conséquence, elle lui enjoint de le faire sous huitaine, et, faute de répondre par écrit dans ce délai aux accusations qui lui sont communiquées, son silence sera regardé comme un aveu tacite des inculpations dont le charge la voix publique. M. le Secrétaire sera chargé de lui envoyer copie de la délibération qui lui sera remise par l'huissier de l'Académie.

Ont signé : PIERRE, DANDRÉ-BARDON, LAGRENÉE, PIGALLE, etc.

A la séance du 5 décembre suivant, le Secrétaire donne lecture d'une déclaration du sieur Caresme, de la déclaration d'un élève impliqué dans cette affaire, et vu les difficultés que présente l'affaire dont il s'agit et l'examen qu'elle exige, a arrêté qu'il serait nommé des commissaires pour en prendre une connaissance plus approfondie et que le rapport en sera fait par eux pour être par l'Académie statué définitivement.

Dans la séance du 16 décembre, l'Académie s'est assemblée extraordinairement et par convocation générale ; elle entend la lecture d'une lettre de M. le comte d'Angivillier, directeur et ordonnateur général des Bâtimens de Sa Majesté, par laquelle il prie M. Pierre, directeur, d'assembler extraordinairement l'Académie « pour examiner l'affaire du sieur Caresme et de ne pas suspendre un jugement qu'il serait obligé de porter à la décision de Sa Majesté, à moins qu'il n'y ait des preuves de la dernière évidence qui effaçassent tellement ce que cette affaire a de louche que l'Académie fut unanimement garantie de la délicatesse de sa conduite. »

« Pénétrée de reconnaissance de la sollicitude de M. le comte

---

et lavés ; ils en valent par Dieu la peine. Ces dessins sont charmants et un grand maître ne les désapprouverait pas. Ce sont des faunes, des satyres : c'est un petit sacrifice bien pensé et bien touché. Peut-être ce Caresme peindra-t-il un jour, je n'en sais rien : mais s'il ne veut pas peindre, qu'il dessine. (Salon de 1767, p. 335, t. XI.)

M. Caresme, qui plie son génie à plus d'un genre, nous offre ici un grand nombre de petits tableaux.... Il est abondant en idées heureuses comme il est grand dans le dessin et le coloris. Au surplus, je suis persuadé qu'en expédiant facilement tous ces petits tableaux, il se met par là en exercice et qu'il pelote, comme on dit, en attendant partie ; c'est-à-dire que cet exercice de pur badinage ne le disposera que mieux à nous donner un bon tableau de réception. Je ne doute point que l'Académie n'en accepte l'augure. (Diderot, édition Assezat, Salon de 1771, t. XI, p. 522.)

d'Angivillier sur tout ce qui peut attaquer l'honneur du corps, et animée des mêmes sentimens, l'Académie a cru de son devoir et de la justice d'user jusqu'à ce jour d'une lenteur nécessaire à l'examen des preuves dans une affaire d'où dépend le sort de l'un de ses membres. C'est après s'être procuré les éclaircissements les plus sûrs et les preuves les plus autentiques qu'elle s'est déterminée à statuer définitivement sur le fait dont il s'agit, tant pour répondre aux intentions de M. le Directeur général qu'au vœu unanime de tout le corps. »

Avant de procéder au jugement, le Secrétaire ayant lu toutes les pièces relatives à l'affaire du sieur Caresmes, savoir : 1° la dénonciation faite par le secrétaire sur le cri public de l'assemblée du 28 novembre dernier ; 2° les deffences du sieur Caresmes ; 3° celles de l'élève impliqué dans cette affaire ; 4° la déclaration d'un académicien invité de dire vérité ; 5° la réponse de la personne compromise dans les deffences du sieur Caresmes, le comité des commissaires n'ayant pas eu lieu vû les preuves nouvellement acquises depuis la dernière assemblée, tout considéré, les voix prises à l'ordinaire, l'Académie, disant que les justifications du sieur Caresmes sont insuffisantes, a exclus et exclut le sieur Caresmes de la classe des Agréés dans laquelle elle l'avoit cy-devant admis. En conséquence, lui fait très expresses défenses et inhibitions de se dire doresnavant du corps de l'Académie royale de Peinture et Sculpture, et de plus se qualifier « Peintre ordinaire du Roy », prérogative attachée au titre d'Agréé, dont elle l'a déclaré et déclare déchu pour toujours.

Le Secrétaire expédiera une copie de la présente délibération, laquelle sera signifiée au sieur Caresmes et remise en ses mains par l'huissier de l'Académie à ce qu'il n'en ignore, et le Secrétaire en certifiera la Compagnie à la première assemblée. Les pièces justificatives seront déposées dans les archives.

Ont signé : PIERRE, BRENET, DANDRÉ-BARDON, HALLÉ, GABRIEL, LE CHER DE VALORY, L. LAGRENÉE, JULLIAR, BELLE, BERGERET.

IX.

La famille de Balechou.

M. de Montaiglon crut avoir tiré au clair dans les *Archives de l'Art français* (1861), grâce aux communications de M. Robolly, archiviste d'Arles, l'état-civil de Balechou, dont la naissance et la mort ont été longtemps placées à des dates très incertaines. Il fournit une explication pénible de l'unique prénom de Jean qui lui est attribué dans l'acte de baptème et de l'unique prénom de Joseph qui lui est donné dans l'acte de décès, ainsi que de la contradiction que révèlent ces actes avec le contrat d'apprentissage passé le 22 septembre 1731, par devant Mᵉ Roux, notaire à Avignon, et où le père de Balechou le dit âgé d'environ 15 ans.

Voici le raisonnement auquel s'est livré M. de Montaiglon :

Habituellement, notre graveur passe pour être né non en 1719, mais en 1715, alors que son père ne s'est marié que le 25 août, et M. Louis Jacquemin, dans l'article du *Plutarque provençal*, va même jusqu'à le faire naître le jour de la mort de Louis XIV, c'est-à-dire le 15 septembre, mais nous ne savons sur quelle autorité. D'un autre côté, l'on ne voit figurer dans cet acte de naissance que le prénom de Jean, quand, dans le contrat d'apprentissage et dans l'acte de décès, on ne trouve que le prénom de Joseph ; mais, de l'autre, Balechou a pris les noms réunis de Jean Joseph, et dans un marché qu'on verra plus loin, et au bas d'une suite de gravures : il portait donc les deux noms, et l'on aura mis dans l'acte de décès celui dont il se servait le plus habituellement et sous lequel seul il était connu. Cette explication me paraît suffisante pour le faire reconnaître dans l'acte de naissance portant le seul nom de Jean, et pour infirmer la déclaration même du contrat d'apprentissage du 22 septembre 1731, dans lequel son père le déclare âgé d'environ 16 ans, ce qui mettrait sa naissance à l'année 1716, c'est-à-dire celle où nous possédons l'acte de naissance d'un Étienne Balechou, son frère aîné, En 1731, Balechou, s'il est né en 1719, ne pouvait avoir qu'un peu plus de douze ans; mais il se pourrait faire que, le jeune Balechou étant pour son âge assez développé au physique, son père l'ait gratifié de trois ans de plus, pour aplanir les obstacles qui auraient pu s'opposer à son entrée en apprentissage. Il faut, de plus, remarquer que l'âge de 45 ans donné dans l'acte de décès de 1764 se rapporte exactement à l'année 1719. Il y a donc tout lieu de croire, les registres n'ayant en 1715 aucune naissance de Balechou, que le Jean né en 1719 est bien le même que le Joseph de l'acte de décès, qui ne peut être un autre que le graveur Jean-Joseph

J'ai tenu à élucider ces divers points, et il résulte des registres des paroisses déposées aux archives de la ville d'Arles et dont j'ai la copie sous les yeux[1] que Gatien-Jean Ballechou, marchand boutonnier, natif de Tours et habitant depuis trois ans dans la ville de Marseille, et dans la paroisse des Accoules, fils de feu Louis Ballechou, marchand passementier et de Catherine Viot, épousa à Arles le 25 août 1715, dans la paroisse Notre-Dame la Principale, Catherine Chouvine, fille légitime et naturelle de feus Honoré, marchand négociant et d'Élisabeth Bontouse, native de cette ville d'Arles.

De ce mariage naquirent plusieurs enfants :

1° Jean-Joseph Ballechou, né le 11 juillet 1716, mort le 8 août 1764 à Avignon. C'est le graveur. Il n'a pas reçu le prénom de Jacques que lui attribue la Biographie de Michaud ou celui de Nicolas (Dictionnaire des hommes illustres de Provence, t. I).

2° Étienne Ballechou, né le 28 octobre 1717, mort le 12 septembre 1718 ;

3° Jean Ballechou, né le 19 juillet 1719.

4° Jean-Charles Ballechou né le 14 octobre 1722, mort le 28 novembre 1723.

L'acte de baptême (paroisse Saint-Martin) porte que le parrain de Jean-Charles est Jean-Joseph Ballechou, son frère.

5° Catherine Pierre Balechou, née le 24 juin 1724. Date du décès inconnue. L'acte de baptême porte encore que le parrain a été Jean-Joseph Balechou, son frère.

Jean-François Balechou. Il existe un acte de décès du 1er novembre 1775, dans les registres de la paroisse Sainte-Anne (Notre-Dame la Principale), au nom de Jean-François, dont l'acte de baptême n'a pas été trouvé. « Agé d'environ 60 ans, » dit le mortuaire. Il est vraisemblable de placer la naissance de Jean-François en 1720, s'il ne s'agit pas de Jean, né le 19 juillet 1719. Il était veuf de la demoiselle Marie Julien, décédée le 15 janvier 1770.

Deux frères de J.-J. Balechou étaient morts en bas âge. Jean-François qui leur survécut était aussi un artiste[2].

---

1. Je dois ces extraits à la parfaite obligeance de M. Lacaze-Duthier, vice-président de la Société du Vieil-Arles, à M. l'abbé Cheylan, curé d'Albaron et à M. Dayre, archiviste. J'ai découvert la véritable date de la naissance de Balechou, grâce à une fiche, communiquée par M. Charavay, des autographes du graveur passés en vente publique, et qui sont d'une extrême rareté.

1. Les Annales de la confrérie des Pénitents bleus de la ville d'Arles, rédigées par Pierre Véran, archivaire de la dite confrérie, attestent que le 5 mai 1743, la confrérie donne prix fait à Jean-François Balechou, sculpteur, du dessus de la porte d'entrée de la chapelle des Pénitents bleus, où est sculptée Notre-Dame de Piété moyennant

Est-ce Jean ? est-ce Jean-François, le prénom n'accompagne pas le nom dans la signature, qui fit part à M. de Marigny de la mort du graveur par la lettre suivante :

Monseigneur,

Instruit de la protection que vous aviés accordée à mon frère le sieur Balechou, j'ay cru qu'il étoit de mon devoir de vous informer du malheur que j'ay eû de le perdre, l'accident dont il a été frapé a été si subit qu'il n'a pas été possible de luy donner aucun secours ; sans cette facheuse circonstance, il n'auroit pas manqué de vous faire passer les sentiments de la parfaite et respectueuse reconnoissance dont il étoit pénétré pour les bontés dont vous vouliés bien l'honorer.

Permettés, Monseigneur, qu'interprète de ses intentions, je supléc à ce dont feu mon frère n'a pû s'acquitter envers vous, et que guidé par le devoir et la reconnaissance particulière, je vous prie de vouloir bien agréer mes très humbles remerciements et les vœux que je fais pour la conservation de votre personne, nul autre ne les forme avec plus de zèle que moy, comme nul autre n'est avec un plus profond respect, Monseigneur, votre très humble et très obéissant serviteur.

Balechou,

Secrétaire de S. A. S. Mgr L'Amiral, à Arles.

A Arles, le 29 aoust 1764 [1].

L'orthographe du nom de Balechou est, on l'a vu, assez variable. Aux actes de baptême de ses fils Jean et Étienne, le père signe Ballechou ; dans la procédure Le Leu, le graveur est parfois appelé Baléchou ; dans une lettre du duc de Chaulnes, il est appelé Balchou ; dans un rapport de la Direction générale des bâtiments, on lit Bachelou, le portrait du comte de Brulh est signé Baléchoux ; ce qui est facile à constater, c'est que l'artiste signe constamment J.-J. Balechou les lettres inédites que nous publions ; il signa de même presque toutes ses œuvres.

---

48 livres et, en considération de l'avantage que la confrérie retire de cet ouvrage, elle s'engage à le recevoir « en ne payant aucune entrée, courants, ni fin ».

Le 26 janvier 1752, la même confrérie accepte l'offre de Gatien-Jean Balechou, nommé recteur, de 72 livres, « sçavoir de 48 livres dues à son fils pour l'scupture sur la porte d'entrée de la chapelle et 24 livres à condition qu'il sera déchargé du rectorat et qu'il jouira des honneurs de recteur à son décès. »

(Communication due à l'obligeance de M. Chailan, curé d'Albaron, lauréat de l'Académie de Nimes. Ms. aux Archives municipales d'Arles, série G.G.)

1. **Archives nationales**, O¹ 1910, pl. 3, n° 80.

M. Émile Fassin, conseiller à la Cour d'appel d'Aix, qui a dirigé le *Musée,* revue arlésienne et qui connaît mieux que personne l'histoire d'Arles, a bien voulu nous faire plusieurs communications très intéressantes relatives à Balechou ; il a été amené par nos questions à corriger diverses erreurs répandues sur son célèbre compatriote, qui paraît avoir été noirci à plaisir par quelques écrivains.

Ainsi on allégué sans preuves et sans aucune référence que Balechou avait renié son premier maître, le graveur Michel, et sa ville natale.

Je n'ai trouvé aucune confirmation d'une accusation pareille en ce qui concerne l'ingratitude de Balechou à l'égard de Michel.

Quant à sa ville natale, il l'a si peu reniée — à moins qu'il ne s'agisse de quelque boutade du reste inconnue — qu'un grand nombre de ses planches, selon la remarque de M. Fassin, portent la mention *J. Balechou arelat^s sculpsit* (Ste Geneviève, par exemple). Ses compatriotes, dans tous les cas, se montraient fiers de lui. On cite plusieurs collections à peu près complètes de son œuvre qui ont été formées dans Arles.

Le conseil municipal a donné son nom à une rue de la ville, par délibération du 10 février 1879.

La maison où il est né, d'après M. Fassin, était contiguë à l'hôtel de Saint-Andiol (rue Barrême), en face de la petite porte de la maison de M. Honoré Clair (aujourd'hui hôtel de M. Doutreleau, avocat). Un descendant de la famille Balechou était juge de paix à Arles, en 1795. Depuis plus d'un demi-siècle, cette famille s'est éteinte ou a quitté le pays.

Le chanoine Arnavon note dans son manuscrit que l'héritage du célèbre artiste montait environ à quarante ou cinquante mille livres.

Je donne ci-après les actes de baptême et de décès du graveur:

Extrait des registres des Paroisses déposés aux Archives de la ville d'Arles

PAROISSE SAINTE-CROIX. ANNÉE 1716.

BAPTEME DE JEAN JOSEPH BALLECHOU —	Le onzième jour du susdit mois (juillet) et an (1716) est né et le douzième a été baptisé Jean Joseph Ballechou, fils légitime de Jean Gatien Ballechou, marchand boutonier et de Catherine Chauvine. Le parrain a été Jean Moulin, patron pescheur, et la marraine Marie Rose Chauvine, tante maternelle du baptisé. En foy de quoy je me suis soussigné avec le père et le substitué. — Ont signé : Ballechou, Jean Moulin, Reybaud, second^e.

BALECHOU   1764

Anno quo supra, die vero octava mensis Augusti, circa horam quartam matutinam obiit Josephus Balechou, Arelatensis, filius naturalis et legitimus domini Cassiani Joannis et Catherine Cheven, quadraginta quinque annis natus et die sequenti sepultus est in parrochia nostra.

DELEUZE, parrochus.

(Archives municipales d'Avignon, GG. Registres paroissiaux Saint-Didier. Décès 1738-1768, fol. 257 v°.)

X.

ACTE D'APPRENTISSAGE DE BALECHOU.

Voici l'acte d'apprentissage, trouvé et copié par M. Th. Générat, aux folios 484 et suivants du registre des actes de Roux, notaire à Avignon, et publié par M. A. de Montaiglon dans les Archives de l'Art français[1].

L'an mil sept cent trente un, et le vingt deux septembre, par devant moi, notaire public apostolique, citoyen d'Avignon, soussigné, et en présence des témoingz après nommés, a esté en personne monsieur Joseph Balechou, originaire de la ville d'Arles, fils de monsieur Gassien Jean Balechou, originaire de Tours en Touraine, et habitant la ville d'Arles, marchand boutonnier, agé d'environ quinze ans, comme il a dit, procedant aux presantes de l'adveu, agreement et consentement de son dit père le licentiant et habillitant, renonçant, moyennant double serment, au bénéfice de minorrité avec toute restitution en entier, et a tous les droits faits et introduits en faveur des mineurs. Lequel, de son gré, assisté de son dit père, s'est loué, luy et ses œuvres, à monsieur Jean Michel, graveur, originaire de Genève et habitant dudit Avignon, icy presant, abjuré à Grâce en Provence, depuis environ douze ans[2], icy présent stipulant, pour aprendre ledit art de graveur et aultres choses licittes et honestes auxquelles il

---

1. M. Duhamel, archiviste du département de Vaucluse, a bien voulu collationner cet acte sur l'original.

2. C'est-à-dire en 1719. MM. Haag ne l'ont pas compris dans la *France protestante*. Il ne figure pas dans le Recueil des renseignements relatifs à la culture des **Beaux-Arts à Genève**, qui a été publié par M. J.-J. Rigaud dans les tomes IV, V et

voudra l'occuper dans sa maison pour le temps de trois années prochaines et consécutives, que commenceront au vingt-neuf du courant, jour de la Saint-Michel. Pendant lequel temps ledit aprentif sera teneu, comme promet, bien et fidellement servir son dit maître, procurer son proffit, éviter son dommage, ne s'en aller sans conged, fors en cas de maladie ou de contagion, que Dieu ne vueille, auquel cas chascun sera en liberté, mais le mal estant finy, le temps perdu sera reffait par ledit aprentif, et, s'il s'en va sans conged, il sera tenu de reflaire le temps perdu, ou bien fera à son dit maître des intérest au dire d'expers. Et c'est pour le prix dudit apprentissage de deux cent cinquante livres, monnoye du cours de France, payable de présent et de comptant cinquante livres que ledit Michel a déclaré d'avoir reçue ainsy qu'il les reçoit réellement et' de comptant dudit Balechou père, en escus blancs et quelque peu de monnoye, pour faire le complément, comptés, nombrés et par ledit Michel rettirés et emboursés, au veu et présence de moy dit notaire et tesmoins, dont content, sans préjudice du restant, il a quitté et quitte lesdits père et fils avec pacte, Renonçant, etc. Et pour les deux cents livres restans, ledit Gassien Jean Balechou, père dudit aprentif, sera teneu, comme promet, le payer et porter au dit Michel en cette ville, et dans sa maison d'habitation, dans dix-huit mois prochains, à compter dudit jour vingt neuf septembre prochain, à peine de tous dépens ; pendant lequel temps ledit sieur Michel sera tenu, comme promet audit aprentif, de lui aprendre ledit art de graveur et tout ce qui en dépend, suyvant Dieu, sa conscience et expériance que Dieu luy en a donnée, sans luy rien cacher, et luy fournir d'aliments de bouche suyvant sa condition, pendant ledit temps et en bon père de famille, et lit.

Et icy mesme ledit Balechou, père dudit aprentif, s'est rendu et rend plège et caution, en faveur dudit Michel, pour son dit fils, pour l'entier accomplissement du prix dudit aprentissage tant seulement, en faisant son fait et cause propre.

VI des Mémoires et Documents publiés par la Société d'histoire d'archéologie de Genève. (Note de M. de Montaiglon.)

J. Michel *Genevensis*, signait ce graveur de cachets et d'*ex-libris*, à qui l'on doit, selon Basan, deux Vénus, d'après Boucher ; selon Lagrange, un portrait du Père Bridayne, d'après Vernet.

Balechou aurait eu aussi pour maîtres Philippe Sauvan, né à Arles en 1698, qui travaillait à Avignon sous la direction de Pierre Parrocel (*Les Annales de la peinture*), et à Paris, J.-P. Le Bas et Lépicié. Beauvezer dit « Nous avons vu des estampes que Balechou lui-même nous a assuré être de sa façon, auxquelles Le Bas ne rougissait pas de mettre son nom. » Le portrait de Coypel est signé : Balechou, élève de **M. Lépicié.**

Et, au surplus, les dites parties, chascune en ce que la touche et concerne, mutuelles et réciproques stipulations de part et d'autre intervenantes, ont promis et promettent avoir pour agréable le présent contrat d'aprentissage et tout son contenu, et n'y contrevenir, à peine de tous dépens, dommages et intérêts, sous obligation de leurs biens présens et advenir, et ledit aprentif sa personne propre, qu'ont soumis a toutes cours, mesures et par exprès à celles de monsieur le Sénéchal de la ditte ville d'Arles, et autres tant papalles que royalles, et à toutes celles où les présentes seront exhibées en la meilleure forme de la Chambre apostolique. Ainsy fait, promis et juré, renoncé, etc., de quoy, etc., etc.

Fait et publié audit Avignon dans la maison d'habitation de moi dit notaire et dans mon estude, ez présences du sieur Jean Hecart et de Joseph Hecart père et fils, relieurs, témoins requis, soussignés avec les dites parties.

Signé : J. Michel, avec paraphe ; Jean-Joseph Balechou ;
Balechou, avec par. ; Hecard, Joseph Hecard,

Et de moy Guillaume Roux, notaire qui, etc.

Signé : Roux, notaire, avec par.

L'an mil sept cent trente quatre, et le treize octobre, par devant moy, notaire apostolique d'Avignon, soubsigné, et en présance des témoins après nommés, ont esté présens d'une part monsieur Jean Michel, graveur, habitant dudit Avignon, et d'autre part monsieur Joseph Balechou, de la ville d'Arles, son aprentif. Lesquels, de leur gré, ont dit et déclaré, disent et déclarent l'un en faveur de l'autre, estre contans et satisfaits, sçavoir : ledit sieur Michel de tout ce que ledit Balechou son aprentif luy a promis par le contrat cy-contre, et par contre ledit Balechou déclare que ledit Michel luy a promis par le mesme contrat, et, par ainsi, comme contans l'un de l'autre, ont consenty au barrement et cancellation dudit contrat d'apprentissage, ainsy qu'a été barré et cancellé par moy dit notaire, présens les témoins après nommés, promettant avoir à gré, etc., Obligeant, etc., Relevant, etc., Juré, etc., Renoncé, etc.

De quoy, etc.

Fait et publié audit Avignon, dans mon étude, ez présences de M. Jean Hecart, relieur, habitant dudit Avignon, témoin requis et soussigné avec les parties.

Signé : J. Michel, avec par.; J. Balechou, avec par.
Hecart.

XI.

Les lettres de Balechou sont des plus rares. M. Noël Charavay n'en connaît que trois qui aient passé en vente publique : deux ont été publiées et nous les reproduisons d'après les *Graveurs du XVIIIe siècle* et la *Correspondance* de Wille ; la troisième est inédite et nous en tenons la copie de M. Perrot. Nous citons également, d'après Beauvezer, le sens de la réponse qu'il fait à une lettre de Joseph Vernet. Toutes les autres pièces proviennent des archives nationales et des archives de la ville de Marseille.

La gravure d'un portrait du Roi accordé
a la ville de Marseille.

Nous avons avancé, comme une des preuves que Balechou n'avait été l'objet ni d'une exclusion de l'Académie, ni d'un arrêt d'exil, le fait qu'il avait été chargé par M. de Marigny de graver un portrait du Roi accordé à la ville de Marseille.

Voici la correspondance échangée à cette occasion entre les Echevins de Marseille et M. de Marigny et entre les Echevins et Balechou :

Monsieur le marquis de Marigny,

Nous avons reçu la lettre, dont vous nous avés honorés le 25 du mois de décembre passé, nous vous rendons mille actions de graces des nouvelles marques de bonté que vous daignés nous donner, et nous vous suplions de vouloir les étendre jusques à nous obtenir la liberté de faire graver par le sieur Balechou, habile graveur qui se trouve dans cette province, l'estampe du portrait qu'il a plû à Sa Majesté d'accorder à cette ville, afin de perpétuer et multiplier une faveur si glorieuse.

Nous sommes avec respect, Monsieur, vos très humbles et très obéissants serviteurs, les échevins de Marseille,

Rémuzat, Ricaud,
Couturier, Lafont.

Marseille, le 7 janvier 1757 [1].

---

1. Archives nationales, O¹, 1909, pl, 1, n° 8.

A Versailles, le 18 janvier 1757.

A MM. les Échevins de Marseille,

J'apprends, Messieurs, avec bien du plaisir la résolution que vous avez prise de faire graver le portrait du Roy que Sa Majesté vient de donner à la ville de Marseille. Je ne doute pas que le Roy n'approuve cette nouvelle marque de votre zèle et de votre reconnoissance et je ne manquerai pas de luy présenter votre demande à mon prochain travail avec Sa Majesté; du reste vous confiés cet ouvrage à un habille homme. Le talent du S. Balechou m'est connu et l'Estampe du Roy de Pologne fait l'éloge de son burin. J'ay l'honneur d'être, Messieurs, votre très humble et très obéissant serviteur.

Signé : le Marquis DE MARIGNY [1].

A Monsieur le Marquis de Marigny.

Monsieur,

Vous avés bien voulu aprouver la demande que nous eumes l'honneur de vous faire pour obtenir la permission de faire graver par le sieur Balechou le portrait dont Sa Majesté a bien voulu honorer cette ville, et vous nous fittes espérer par votre lettre du 18 janvier dernier que vous voudriés bien protéger notre demande afin de nous obtenir de Sa Majesté cette nouvelle grace que les habitans de cette ville sollicitent aujourd'huy avec d'autant plus d'empressement que ces promesses les ont flattés de posséder chaqu'un en particulier l'objet de la gloire de leur patrie et de leur amour.

Nous sommes avec un profond respect, Monsieur, vos trés humbles et trés obéissants serviteurs, les Échevins de Marseille.

REMUZAT,   RICAUD,
COUTURIER,   LAFONT.

Marseille, le 21 mars 1757 [2].

<hr>

1. Archives nationales, O1, 1909, pl. 1, n° 17.
2. Archives nationales, O1, 1909, pl. 1, n° 35 bis.

A Versailles, le 7 avril 1757.

A Messieurs les Échevins de la ville de Marseille,

Vous pouvez, Messieurs, aussitôt que vous le voudrés, faire graver, par le Sr Balchou (*sic*), le portrait du Roy, dont Sa Majesté a honoré la ville de Marseille. Ravi d'avoir eu cette nouvelle occasion de contribuer au succès de vos désirs et de vous assurer des sentiments avec lesquels j'ay l'honneur d'être, Messieurs, votre très humble et très obéissant serviteur[1].

A Monsieur le Marquis de Marigny,

Monsieur,

Nous avons l'honneur de vous rendre très humbles graces de la permission que vous avés bien voulû nous obtenir de faire graver par le sieur Balechou l'estampe du portrait du Roy, dont il a plu à Sa Majesté d'honorer cette ville, nous allons incessamment faire travailler à cette gravure pour perpétuer et multiplier une faveur si glorieuse.

Nous sommes avec respect, Monsieur, vos très humbles et très obéissants serviteurs, les Échevins de Marseille.

REMUZAT,   RICAUD,
COUTURIER,   LAFONT.

Marseille, le 18 avril 1757[2].

Marseille, le 20 avril 1757.

A Monsieur Balechou,

Nous avons obtenu, Monsieur, de la Cour, la permission de faire graver l'estampe du portrait du Roy, dont Sa Majesté a daigné honorer cette ville, mais nous avons encore quelques formalités à remplir pour l'authorisation de la dépense. Cependant, vous pouvés préparer ce qui sera nécessaire pour cette gravure, afin d'être en état de l'entreprendre lorsque, après la formalité

1. Archives nationales, O¹, 1909, pl. 1, n° 36. — Minuté non signée.
2. Archives nationales, O¹, 1909, pl. 1, n° 35.

4

remplie, nous aurons obtenu l'authorisation de la dépense, de quoy nous aurons souci de vous informer exactement.

Nous sommes, etc. [1]

Avignon, le 22 avril 1757.

Messieurs,

Je vous remercie de l'honneur que vous me faittes de regarder mon burin comme propre à traduire le portrait du Roy, et que vous tenez de la bienveillance que S. M. accorde à votre ville. Il me serait glorieux de faire servir mon talent à multiplier l'effigie de sa personne sacrée, la plus intéressante pour nous.

Lorsque la formalité encore nécessaire pour l'exécution de votre objet, messieurs, aura passé par vos délibérations, permettés, messieurs, de vous suplier de m'en faire marquer l'arrêté et connoître les arrangements que vous trouverez bon de prendre avec nous pour cette gravure, afin que mon émulation, bien loin de ralentir par l'incertitude des évènements se ranimat au contraire par l'espérance d'une satisfaction réciproque. C'est à l'amour, Repectables Pères de la Patrie, que vous ressentés en votre particulier pour S. M. que la ville de Marseille et toute la France serait obligée de la multiplication d'un portrait si chéri, c'est à ce même amour que mon burin devrait l'immortalité et auquel je ne sçaurois trop témoigner les sentiments de reconnoissance avec lesquels je suis..., etc.

Signé : BALECHOU.

Il n'existe pas autre chose au registre des correspondances de la ville de Marseille, après les lettres ci-dessus, ce qui laisse à penser que la gravure ne fut pas faite. M. Mabilly, qui a bien voulu se livrer à cette recherche pour nous, n'a trouvé aucune trace du paiement dans le compte et dans les délibérations.

Ce qui importe le plus, c'est l'autorisation de faire graver à Balechou ce portrait de Louis XV, qui fut posé en grande cérémonie à l'hôtel de ville le 28 décembre 1756. Il n'y est plus actuellement.

Nous avons demandé ce que ce portrait était devenu à M. Ph.

---

1. Les Échevins sont Pierre-Joseph Remuzat, César Ricaud, Jean-André Couturier, Joseph-Antoine Lafont.

Nous devons cette lettre, ainsi que la suivante, extraites du registre des lettres écrites de 1751 à 1756, à l'obligeante communication de M. Ph. Mabilly, archiviste de la ville de Marseille.

Auquier, conservateur du musée de Longchamp, l'érudit histo-
riographe de Pierre Puget à qui il a consacré non seulement
deux excellents livres, mais dont il a réuni les œuvres, maquettes,
terres cuites, marbres et moulages dans une salle spéciale. Nous
avons reçu de lui la note suivante :

« Cet ouvrage n'est signalé dans aucun des Guides du XVIIIe
siècle qui notaient les peintures dont le Musée était orné avant
la Révolution. Dans un mémoire qu'il présentait à ses collègues
de la commission temporaire des arts au sujet des œuvres à sau-
vegarder, Achard n'en parle pas davantage.

« Toutefois, je dois appeler votre attention sur ceci que nous
gardons au Musée, en magasin, car la peinture n'est pas des
meilleures, une toile représentant un jeune homme à cheval, dont
les inventaires disent de *provenance inconnue,* qui a été invento-
riée par l'un de mes prédécesseurs, M. Bouillon-Landais, comme
le portrait équestre de Louis XV et cataloguée plus tard par lui
comme ceci :

« *Carle van Loo.* Portrait équestre. Le cavalier et le cheval sont
vus de face : c'est, dit-on, le portrait d'un prince.

« H. 1ᵐ76 ; l. 1ᵐ29.

« Elle ne figure pas aux Catalogues du Musée publiés avant
1852. »

XII.

L'ESTAMPE DE LA « TEMPÊTE » D'APRÈS JOSEPH VERNET.

Les deux lettres suivantes relatives à la Tempête *ont une extrême
importance, à cause de la qualité de graveur agréé à l'Académie
que prend Balechou le 2 février 1757 en s'adressant à M. de
Marigny et des termes flatteurs de la réponse de celui-ci, ainsi que
de l'éloge qu'il fait du portrait du Roy de Pologne :*

Monsieur,
Notre province admire les soins que vous prenés pour le progrès des talens. J'admire en mon particulier l'émulation que vous
donnés à chaque artiste. Auprès d'un zèle comme le votre à obliger tout le monde, ne me seroit-il pas permis d'espérer que vous
aurez la complaisance de jetter les yeux sur une nouvelle estampe
de mon burin d'après M. Vernet, dédié à Monseigneur le duc de
Chaulnes, et adressée à M. le vidame son fils avec une double

feuille, que je le supplie de vous faire parvenir ; faites moy la grace, Monsieur, de regarder ma démarche comme une marque du profond respect avec lequel j'ay l'honneur d'être, Monsieur, votre très humble et très obéissant serviteur,

J. J. Balechou,
Graveur agréé à l'Académie royale de peinture,
de présent à Avignon [1].

D'Avignon, ce 2° février 1757.

A Versailles, le 16 février 1757.

Monsieur Balechou,

J'ay à vous remercier, Monsieur, de votre attention d'avoir remis à M. le duc de Chaulnes pour moy, un double de l'estampe que vous avés gravée d'après M. Vernet. Je connois la force, la délicatesse et la vérité de votre burin. Le Portrait du Roy de Pologne, électeur de Saxe, est un morceau qui fera votre éloge dans la postérité la plus reculée comme elle a fait l'admiration de tous les connoisseurs qui l'ont veu au sortir de vos mains. Je verrai avec bien du plaisir votre nouvel ouvrage dès que M. le duc de Chaulnes me l'aura remis. Je suis, Monsieur, votre très humble et très obéissant serviteur.

Signé : le marquis de Marigny [2].

.•.

Joseph Vernet écrivit à Balechou, au sujet de la gravure de la *Tempête* une lettre que le *Mercure de France* inséra au mois de juin 1757 ; elle est ainsi conçue :

« Monsieur, cette estampe a rempli mon attente, vos recherches sont infinies, et demandent un examen et beaucoup de sçavoir pour en comprendre toute la beauté.

« Comme je vous dis, lorsque vous m'envoyâtes les premières épreuves, ce que je désirois, je vous diroi avec la même sincérité que cela est cela, c'est-à-dire que je suis actuellement content au-delà de mes désirs, cette expression doit renfermer les éloges les plus étendus que je pourrois vous donner, je suis présentement impatient que cette estampe soit répandue dans le monde pour votre gloire et pour la mienne. »

1. Archives nationales, O¹ 1909, pl. 1, n° 26.
2. Archives nationales, O¹, pl. 1, n° 27.

XIII.

L'estampe des « Baigneuses » d'après Joseph Vernet.

Il nous paraît intéressant de reproduire l'extrait ci-après des Mémoires et Journal de Jean-Georges Wille, publiés par M. G. Duplessis [1].

Le 25 septembre 1762. — Écrit à M. Balechou à Avignon. Je lui fais compliment sur ses *Baigneuses* qu'il a gravées d'après M. Vernet. Je lui demande 15 ou 20 épreuves, et une avant la lettre, s'il est possible, et qu'il tire pour le paiement une lettre de change sur moi » (p. 207).

Wille a oublié de mentionner la réception d'une réponse de Balechou communiquée par M. de Montaiglon à l'éditeur de la correspondance :

> Monsieur et *cher confrère,*
> Vous êtes bien obligeant de me faire des éloges ; je comprends que je ne les dois qu'à votre complaisance, puisque je me reconnois bien loin de les mériter.
>
> L'estampe dont vous me demandez une douzaine d'épreuves a été faite d'après un tableau au premier coup, et assez incorrect, ce que je ne dis qu'à vous, qui plein de connaissance autant que de talent, pouvez mieux que personne apercevoir les défauts pour lesquels je réclame votre indulgence.
>
> Telle qu'elle peut être, je vous en feray parvenir le nombre que vous me demandez ; je l'imprime actuellement, et les épreuves, à ce qu'il me paraît, sont plus passables que celle que vous avez vue. A l'égard de la sainte (Geneviève) je la regarde sans ressource, du moins je n'ay pas encore cherché le moyen de redresser le cuivre, qui, se trouvant mince, par une chûte sur l'angle du gril de fer qui sert à tamponner, se bossella tellement, qu'il me faudrait bien du soin pour gagner les défauts : joint à l'écorchure qui s'y fit en voulant la retenir lors de sa chute, il se trouve bien maltraité.
>
> Ma philosophie, accoutumée à des événements désagréables, ne s'en alarme plus, et va d'ailleurs son train. Voilà, monsieur et cher confrère, ce que je puis vous dire sur cette estampe.

1. Veuve Renouard, 1857, 2 vol. in-8°.

J'ai l'honneur d'être, avec la plus parfaite estime, Monsieur et cher confrère, votre très humble et très obéissant serviteur.

BALECHOU.

D'Avignon, ce 10 octobre 1762.

Monsieur J.-G. Wille, *graveur du Roy* et de son Académie royale de peinture et de sculpture, quay des Augustins, à Paris.

**

Vernet écrivit à Balechou, en 1763, d'après M. Lagrange, une lettre dont Beauvezer cite les lignes suivantes en indiquant le sens de la réponse qui lui fut faite :

« Il n'est qu'un Balechou en France ; je ne suis pas content des gravures de mes autres marines, depuis que j'ai vu les vôtres ; si vous vouliez vous charger de ce travail, il vous en reviendrait un très grand avantage, et à mes peintures une très grande gloire. »

Balechou répondit à cette lettre que nous avons vue en original, qu'il préférait la tranquillité à tout ce qu'on pourrait lui offrir de plus précieux, ajoutant qu'il avait assez de bonnes peintures pour pouvoir occuper son ciseau le reste de ses jours [1].

XIV.

L'ESTAMPE DE S^{TE} GENEVIÈVE, D'APRÈS CARLE VAN LOO.

Voici quelques pièces, inédites sauf une, relatives à la gravure de « Ste Geneviève » :

Le sieur Balechou suplie très humblement Monseigneur le duc de Chaulnes de demander à Monsieur de Vandière de dédier une estampe au Roy, le sujet de l'estampe représente Ste Geneviève par M. Vanloo.

Le sieur Balechou demande aussi la permission d'en dédier une autre à Monsieur de Vandier [2].

L'auteur est à Arles, je lui enverrai la permission que Monsieur de Vandier aura eü la bonté de lui accorder.

AMIOT,

Valet de chambre de Monsieur le vidame d'Amiens [3].

1. *Dictionnaire de la Provence*, article signé C. B., initiales de l'abbé de Capris de Beauvezer.

2. Il s'agit du *Calme*, d'après Joseph Vernet.

3. Archives nationales, O¹, 1911, pl. 2, n° 207.

Affaires générales.

Monsieur le Duc de Chaulnes supplie très humblement Votre Majesté de vouloir bien permettre au sieur Balechou de dédier à Votre Majesté une estampe dont le sujet représente Sainte Geneviève par M. Vanloo [1].

Monseigneur,

Comme vous êtes le protecteur des arts et des artistes et que par l'encouragement que vous voulez bien leur donner, on leur voit faire des progrès journaliers et qu'un ouvrage qui paraît sous vos auspices et qui a votre approbation est sûr de plaire au public, j'ay l'honneur de vous rendre compte que l'estampe de *Sainte Geneviève* que j'ai traduitte d'après M. Vanloo est prette, je n'attends que vos ordres, Monseigneur, pour avoir l'honneur de vous l'adresser. Permettez-moi de vous le demander et pour l'estampe et pour l'inscription que je joins ici.

Vous m'avez fait espérer, Monseigneur (et Mgr le duc de Chaulnes eut la bonté de me le faire aprendre) que le Roy voudrait bien aprouver, que j'ay l'honneur de la lui dédier. Cette espérance m'a soutenu dans un travail pénible et s'il réussit et qu'il ait votre approbation, elle est son ouvrage et celuy du désir de vous plaire.

Sancta Genovefa parisiorum patrona dilecta Ludovico XV° dilectissimo.

Voilà l'inscription telle que je la destine. Je vous suplie, monseigneur, de me mander si vous l'aprouvez ou d'avoir la bonté de me l'envoyer telle qu'il convient et que vous la désirez. Je prendroy la liberté de vous offrir, Monseigneur, trois estampes pour le Roy, pour vous et pour Madame la marquise de Pompadour.

Puis-je me flatter et seray-je assez heureux pour que mon travail vous parût mériter la récompense de leur être présenté de votre main. Je le regarderois comme le prix le plus flatteur d'un ouvrage qui m'a autant coûté et ce serat une nouvelle émulation pour mon burin.

J'attends vos ordres, Monseigneur ; j'ay l'honneur d'être, avec le plus profond respect, Monseigneur, votre très humble et très obéissant serviteur,

J. Balechou.

D'Avignon, ce 14 février 1759 [2].

1. Archives nationales, O¹, 1911, pl. 2, n° 206.

2. Cette lettre, communiquée par M. Cottinet, a été publiée par MM. le baron Roger Portalis et Henri Béraldi (les graveurs du XVIII° siècle).

A Versailles, le 7 mars 1759.

A Monsieur Balechou,

J'ay reçu, Monsieur, votre lettre du 14 du mois passé, avec l'inscription que vous vous proposés de mettre au bas de l'estampe de Ste Genneviève que vous avés gravé d'après le tableau de M. Vanloo. Je demanderai bien volontiers au Roy, à mon premier travail de vous accorder la permission de la dédier à Sa Majesté comme vous le désirés, je contribuerai en ce qui dépendra de moi à remplir vos vœux à cet égard. Je suis, Monsieur, votre très humble et très obéissant serviteur.

Signé : le Marquis DE MARIGNY [1].

Le sieur Balechou, graveur, qui a porté cet art à un haut degré de perfection vient de graver l'estampe d'une Ste Genneviève, d'après le tableau que le sieur Vanloo en a fait. Il désire extremement dédier cette estampe à Sa Majesté, et mettre l'inscription cy-dessous au bas de la même estampe :

SANCTA GENOVEFA PARISIORUM
PATRONA DILECTA
LUDOVICO XV° DILECTISSIMO

Votre Majesté voudroit Elle bien accorder à cet artiste la grace qu'il luy demande [2]?

A Versailles, le 29 mars 1759.

A Monsieur Balechou,

Je vous apprens, Monsieur, avec plaisir, que le Roy vous permet de luy dédier l'estampe de Ste Genneviève que vous gravés d'après M. Vanloo, je suis très aise de vous avoir procuré cette satisfaction.

Au lieu du latin que vous vous proposiés de mettre au bas de votre estampe ; vous ferés ainsy que les graveurs auxquels le

1. Archives nationales, O¹, 1909, pl. 3, n° 17.
2. Archives nationales, O¹, 1909, pl. 3, n° 25. — Cette minute d'un rapport du Directeur général des Bâtiments du Roi est enregistrée à la date du 22 juin 1759, comme la suivante dont la date d'envoi est du 29 mars.

Roy a accordé le même honneur, c'est à dire vous placerés les armes du Roy au milieu avec ces mots

Dédié (icy les armes) *au Roy*

*Par son très humble, très obéissant
et très fidèle serviteur et sujet,*

BALECHOU.

Vous devés connoistre des estampes qui sont ainsi, vous vous y conformerés. Je suis, Monsieur, votre trés humble et trés obéissant serviteur.

Signé : le Marquis DE MARIGNY [1].

Monseigneur,

Votre manière généreuse à obliger me penètre d'une inclination respectueuse pour votre personne, Monseigneur, et me fait désirer de vous pouvoir temoigner personnellement ma juste reconnaissance. La crainte de manquer d'attention si je vous faisais passer un nombre d'estampes sans être perfectionnée, me détermine à vous en faire parvenir qu'une sur laquelle M. Vanlo pourrait me faire faire des observations, afin que le travail répondit davantage à vos bontés pour moy. J'écris à M. Vanlo qui se transporterat en votre hotel.

Permettez, Monseigneur, que je vous expose qu'il m'a semblé que je ne devois pas manquer de defferer aux avis d'un si celèbre artiste pour un ouvrage traduit d'après le sien que s'il trouvoit que je ne me fusse pas trop écarté de son original, vous jugerez Monseigneur si l'estampe peut etre mise sous les yeux de Sa Majesté.

J'ose, Monseigneur, vous suplier de me continuer vos bontés en me faisant sçavoir si je puis apres la corection de M. Vanlo en continuer l'impression et tout de suite j'auroy l'honneur de vous en faire parvenir un nombre d'épreuves.

La presente peut etre mise sous une bordure telle que vous jugerez convenable.

Vous êtes, Monseigneur, le protecteur de cet ouvrage et votre faveur excitant mon émulation deviendrat comme le père de mon talent.

---

1. Archives nationales, O¹, 1909, pl. 3, n° 26. — Faitte de la main de M. le Marquis de Marigny.

Je seray avec le plus profond respect, Monseigneur, votre très humble et très obéissant serviteur,

BALECHOU.

D'Avignon, le 11 may 1759[1].

A Versailles, le 7 juin 1759.

J'ay reçu, Monsieur, avec votre lettre du 11 du mois passé l'estampe que vous m'avez envoyée, ensemble les deux lettres que vous m'aviez adressées l'une pour M. Vanloo et l'autre pour M. Cochin qui les ont reçues, ils sont en état l'un et l'autre de juger sainement de votre ouvrage et leur avis joint à votre gout doit vous promettre le plus heureux succès de votre estampe. Je suis, Monsieur, votre très humble et très obéissant serviteur.

Signé : le Marquis DE MARIGNY[2].

1. Collection de M. Louis Perrot, à Avignon.
2. Archives nationales, O[1], 1909, pl. 3, n° 51.

CATALOGUE DES ESTAMPES DE BALECHOU.

Je n'ai pas considéré comme essentiel de donner mon appréciation personnelle du mérite des gravures de Bachelou. J'ai préféré citer quelques opinions sur *La Tempête, Sainte Geneviève, Auguste III.* On sait par les lettres de Vernet qu'il satisfait le peintre, ce qui est rare ; qu'il enchante Diderot, critique sévère de Cochin et de Le Bas[1] ; que le maître anglais Wollett l'estime au point de voir en lui un modèle à imiter, que plusieurs écrivains d'art le placent au premier rang des graveurs de l'école française.

On pourra lire, après cela, qu'« il savait unir la finesse à la vigueur du burin », ou « que sa force égalait sa délicatesse ». Quelques biographes ne vont guère au-delà de ces clichés et, à la vérité, il y aurait quelque chose à dire de l'indigence de cette forme de la critique, sans parler de la compétence des juges.

Les artistes du moins trouvent en Bachelou un dessinateur de premier ordre et un technicien consommé. Les portraits qui constituent la plus importante partie de son œuvre révèlent parfois plus de vie qu'il n'y en a dans les originaux que j'ai pu étudier.

Il n'est pas sans détracteurs. Le Dictionnaire Larousse a recueilli l'avis de Malaspina que M. Roger Portalis n'est pas très loin de partager, car il le cite avec complaisance. Tout en reconnaissant que les estampes de Balechou ont « je ne sais quoi qui surprend et séduit », Malaspina dit que Balechou « apporte un tel soin à *serrer la lumière* que souvent ses carnations semblent être de bronze, ses eaux de l'argent en fusion et que ses rochers paraissent être velus ». M. Portalis l'appelle *buriniste à poigne,* tout en mettant hors de pair Auguste III et Mlle Loiserolle. Ce n'est

---

1. A propos de quatre estampes des Ports de France exposés au Salon de 1765 par Cochin et Le Bas, Diderot écrit : « Ces associés n'ont pas pleuré bien amèrement la mort de Balechou. »

A l'occasion du même Salon, Diderot écrit aussi : « Ne pensez pas qu'un graveur rende tout également bien. Balechou, qui sait conserver aux eaux la transparence des eaux de Vernet, fait des montagnes de velours » (a).

Ce qu'il faut retenir, c'est que, aux yeux de Diderot, Balechou écrase tous les graveurs de son temps.

(a) Diderot, édition Assezat, t. X, p. 445 et 450.

pas seulement à ces deux portraits qu'il faut renvoyer les critiques, c'est aussi à La Popelinière, à M. de Julienne, au comte de Bruhl surtout, et même à certaines parties de Grillot.

Il en est des estampes de Balechou, dit Huber, comme de toutes les productions du génie ; on peut les critiquer, mais cela n'empêche pas de les rechercher. Les amateurs en jugeaient ainsi, et les pièces gravées par notre artiste atteignaient, de son vivant, des prix qualifiés de ridicules.

Ceux qui contestent le talent de Balechou, comme H. Delaborde, sont obligés de reconnaître « l'adresse de son burin et l'extrême facilité de la manœuvre». Si Lévesque lui reproche l'éclat de ce burin, Joubert objecte que ce n'est point un défaut, au contraire, et il demande : — Quel est donc l'artiste également heureux et parfait dans tous les genres ?

Les auteurs des *Graveurs du XVIII* siècle* font une juste remarque que je crois devoir opposer à l'assertion de M. Illy sur les tirages de divers états qu'il prête à Balechou, comme une sorte de spéculation calculée : c'est qu'en ce qui concerne les portraits, il n'a pas été fait de tirage régulier d'épreuves avant la lettre ; elles sont d'une telle rareté qu'il ne faut compter que sur un heureux hasard pour les rencontrer. La collection Behague ne contenait aucun portrait avant la lettre ; le catalogue Didot n'en mentionnait qu'un seul. MM. Béraldi et Portalis en concluent que chercher à réunir un œuvre de Balechou avant la lettre, c'est entreprendre un travail impossible à mener à bonne fin.

Il faut, je crois, se ranger à l'avis de Joubert, et abandonner ces exemplaires avant toutes lettres, à ceux qui prisent les épreuves en raison des étiquettes, et non suivant leur beauté particulière.

On m'a demandé de compléter cette monographie de Balechou par un catalogue de ses œuvres. Quoiqu'on puisse le trouver dans le *Manuel de l'amateur d'estampes* de Ch. Le Blanc et dans les *Graveurs du XVIII* siècle,* je me suis décidé à le reproduire, en le complétant par des indications de détail, par quelques planches inconnues jusqu'ici, et enfin par les prix obtenus dans les ventes publiques, en réunissant les renseignements fournis à cet égard par Charles Blanc, Joubert et surtout par M. le docteur Mireur, dans son utile Dictionnaire des ventes d'art[1].

1. Ces prix ont été mis à jour grâce aux indications fournies par M. André Desvouges, commissaire priseur à Paris.

I.

PORTRAITS.

I. AUGUSTE III, ROI DE POLOGNE, ÉLECTEUR DE SAXE, d'après H. Rigaud; haut. 695ᵐ, larg. 5o1ᵐ.

Une épreuve d'essai, se trouve au Cabinet des estampes.

1° État, avant la lettre (il n'en existe, paraît-il, que deux ou trois épreuves).

2° État. Avant les mots : chevalier de l'ordre de St-Michel, à la suite du nom de Rigaud et avant la date 175o, ajoutée à droite, après le mot Paris.

3° État, avec la lettre terminée, on lit au bas : Gravé par J.-J. Balechou, natif d'Arles et présenté à l'Académie royale de peinture et sculpture pour son agrément.

Heinecken (p. 66, t. II de son Dictionnaire), prétend que cette planche a été retouchée par Zincke. Joubert le conteste, et il paraît être dans le vrai, mais non pour les motifs qu'il allègue. Il a raison, tout au moins, pour les épreuves tirées par Tévenard. Jacquemin cite une lettre de Balechou à M. de Heinecken ainsi conçue : « Je ne demande pas mieux que de réparer mon cuivre ; d'abord, par respect pour Sa Majesté, pour vous donner des preuves de mon zèle et pour l'honneur de mon ouvrage. Cependant, pour me mettre à l'abri de toute surprise à l'avenir et me prémunir contre les calomnies que M. Le Leu ne cesse de faire courir sur mon compte, il m'est besoin qu'il reconnaisse qu'il me le remet endommagé. » L'autorité de Heinecken est grande, puisqu'il commanda les portraits du comte de Bruhl et d'Auguste III pour la Galerie de Dresde, mais si Balechou a accepté de réparer son cuivre, y a-t-il lieu de croire que la réparation ait été confiée à un autre ?

H. Delaborde dit que l'exemplaire du Cabinet des Estampes a été payé 12oo fr. en 18o7 à un marchand qui le tenait d'un amateur nommé Daudet ; cette épreuve, d'après Delaborde, serait *celle* que Balechou aurait détournée, ce qui aurait motivé son exclusion de l'Académie. On reconnaîtra qu'il n'y a là qu'une fable, puisque Bachelou avait droit à 5o exemplaires de l'estampe. Une épreuve du premier état a été payée 9oo fr. à la vente Durand (1836). Des épreuves du deuxième état ont été payées à des prix variables : 1759, comte de Vence 9o livres. 1771, Lebrun fils 6o livres. 1775, Mariette 25o livres. 1779, citoyen A. 144 fr. 1799, Basan père, 18o fr.

18o1. Valois, 121 fr. — 18o5, de Saint-Yves, épreuve rognée, 12o fr. — 18o8. de Saint-Aubin, 25o fr. — 1817, Rigal, 288 fr. — 1821, Durand, 3oo fr. — 1822, Rossi, 1oo fr., mais le format indiqué (76 × 55) donne lieu de penser qu'il y a erreur. — 1836, Durand, 272 fr. — 1838, Revil, 46 fr.

1843, Debois, 122 fr. — 1862, comte Archinto, 155 tr. — 1865, Camberlyn 112 fr.

Des épreuves dont on ne connaît pas exactement l'état, ont été vendues : 1822, Rossi, 31 fr. 5o. – Weigel, Leipzig, 19 fr. 5o. -- 1845, Tufialkin, 6o fr. — 1857, Busche, 32 fr. — 1877, Firmin-Didot, 40 fr.

On peut dire que cette estampe ne se trouve plus dans le commerce.

2. La Femme du peintre Aved (Anne-Charlotte-Gauthier de Loiserolle), d'après Aved. Hauteur. 356ᵐ ; largeur, 231ᵐ.

Le portrait porte sur le socle : peint par Aved, gravé et présenté par Balechou, son ami.

> 1834. Comtesse d'Einsiedel, 2 fr.
> 1877. Behague, grandes marges, 10 fr.
> 1897. De Goncourt, toutes marges, 12 fr.
> Une épreuve ordinaire vaut actuellement 3o à 4o fr.
> 1877. Firmin-Didot, Mᵐᵉ Aved, avec sa sœur, 16 fr.
> 1903. Décembre, X., 19 fr.
> 1908. Gerbeau, 1ᵉʳ état, 32 fr.

3. Bégon (Scipion-Gérôme), évêque, comte de Toul, in-4°.

4. Bruhl (le comte de), premier ministre du roi de Pologne, d'après L. de Silvestre.
Gravé par Balechoux (*sic*) en 1750, 438×365.

> 1ᵉʳ état. Avant la lettre.
> 2ᵉ — Avant les drapeaux dans les armes, derrière les deux léopards.
> 3ᵉ — Avec les drapeaux.
> Le Cabinet des Estampes a une épreuve avant toute lettre, digne d'être mise au premier rang, avec Auguste III.
> 1834. Comtesse d'Einsiedel, 3 fr.
> 1834. Lord Buckingham. 1ᵉʳ état, avant la lettre, 15 fr.
> 1843. Weigel, Leipzig. 1ᵉʳ état, 11 fr. 70.
> 1853. Bertin. 3ᵉ état, 16 fr. 5o.
> 1856. 5 mai. Vente X par Le Blanc, épreuves de 2ᵉ et 3ᵉ état, ensemble 24 f..
> 1862. Comte Archinto, 1ᵉʳ état, avant la lettre, 66 fr.
> 1877. Behague, 66 fr.
> — Firmin Didot. 2ᵉ état, 10 fr.
> — — 3ᵉ état, 7 fr.

5. La duchesse de Chateauroux, sous les traits de la Force ; d'après Nattier ; larg. 335 ; haut. 311.

Il existe une épreuve d'essai.

Nattier présente cette gravure à l'Académie le 10 janvier 1750 ; à Paris, chez Surugue, graveur du Roy, rue des Noyers, APDR.

1864. Rochoux, avant l'adresse de Surugue, 20 fr.
1865. Camberlyn, 2ᵉ état, avec la lettre, mais avant l'adresse de
     Surugue, 3o fr.
1877. Behague, 18 fr.
— Firmin Didot, 14 fr.
1900. Octobre, X., 11 fr.

6. COLBERT (Charles-Joachim de), évêque ; d'après Jean Raoux ;
   haut. 114, larg. 76.

   1ᵉʳ état, avant la lettre.
   2ᵉ état, avec l'adresse d'Odieuvre.
   3ᵉ état, l'adresse effacée.

7. COYPEL (Charles), peint par lui-même, à l'âge de 48 ans ; haut.
   374, larg. 266.
   Signé Balechou, élève de M. Lépicié.

   C'est un des deux portraits commandés au graveur après son agrément par l'Académie. Il est donc de 1749-1750, période où il produit ses
   œuvres les plus remarquables.
   1877. Firmin Didot, 20 fr.

8. CRÉBILLON (Prosper Jolyot de), d'après Aved¹ ; haut. 518,
   larg. 370.

   Une épreuve avant toute lettre est signalée par le catalogue de M. A.
   Firmin Didot.
   — Le même, réduit ; h., 155ᵐ ; l., 139ᵐ.
   1834. Comtesse d'Einsiedel, 7 fr.
   1865. Camberlyn, 2 fr. 5o.
   1877. Behague, 5 fr. — Une autre, 26 fr.
   — Firmin Didot, 1ᵉʳ état, *avant toute lettre et l'achèvement de nom-
       breux détails, 275 fr.*
   — — 2ᵉ état, avec la lettre, 11 fr.
   — — 4 fr. 5o.
   1879. Sieurin, 7 fr.

9. CRILLON, d'après Van Dyck.

   Ce portrait in-8° a été gravé pour l'ouvrage de Mlle de Lussan : *Vie de
   Louis Balbe-Berton de Crillon.* Paris, Pissot, 1757.
   1856. H. de la Salle, 6 fr. 5o.
   1861. Lajariette, 5 fr.

10. FORBIN-JANSON (Jacques de), d'après Philippe Sauvan (1735) ;
    haut. 207, larg. 159.

11. GAILLARD, BARON DE LONGJUMEAU (P. J. Laurent de), conseiller à la Cour des Comptes, d'après Van Loo ; haut. 325, larg. 243.

>   1843. Debois, 10 fr.

12. GRILLOT (JACQUES-GABRIEL), abbas Pontigniaci, d'après Autreau ; haut. 461, larg. 334.

>   Il existerait un 1er état avant toute lettre de cette gravure.
>   1877. Firmin Didot, 2 tr.

13. JULIENNE (JEAN DE), amateur honoraire de l'Académie, tenant le portrait de son ami Watteau, d'après F. de Troy ; haut. 472 ; larg. 345. Gravé en 1752.

>   1834. Comtesse d'Einsiedel, 2 fr.
>   1852. Visscher, 3e état, 9 fr. 25.
>   1855. Van der Zande, 9 fr.
>   — Baron Devèze, 1er état, avant lettre, 29 fr.
>   1860. 26 novembre. M. G..., par Vignières, 1er état, avant lettre, 125 fr.
>   1877. Behague, petites marges, 25 fr.
>   1877. Firmin Didot, 16 fr.
>   1897. Baron Pichon, 8 fr.
>   — X., 10 fr.

14. MADAME DE JULIENNE, in-fol.

>   Estampe citée d'après Le Blanc, Portalis et Beraldi ; je ne la connais point.

15. LA GARDE (LE MARQUIS DE), in-4e, d'après L. R. Vialy.

>   Il est représenté en cuirasse. On lit au bas un quatrain qui finit ainsi :
>   Et quoyqu'issu d'un sang royal,
>   La modestie est son vrai caractère.
>   Une note à l'encre, au bas de l'épreuve qui appartient au Cabinet des Estampes, est ainsi conçue : Reçu conseiller au Parlement d'Aix, le 9 may 1694.
>   La planche existe encore. M. Arbaud en a fait don au Museon Arlaten.

16. LINYÈRES (TASCHEREAU DE), jésuite, confesseur du Roi, d'après Aved ; haut. 447, larg. 362.
Signé Jean-Jo. Balechou.

>   Une épreuve avant toute lettre a été signalée dans la collection Roth.

17. Mlle LOISEROLLE (sœur de Mme Aved), d'après Aved ; haut. 378, larg. 255.

1ᵉʳ état, avant la lettre (collection Béraldi).

Ce portrait est « d'une intimité délicieuse », dit M. Roger Portalis, juge sévère à qui déplaît le burin *à poigne* de Balechou.

La sœur du peintre est représentée de face, vêtue d'une robe à demi décolletée ; elle est coiffée d'un chapeau à larges bords, dont les brides sont dénouées. Assise dans un fauteuil, elle fait virer un petit rouet posé sur ses genoux. Et les vers qui accompagnent le portrait, selon le goût du temps, ne sont pas tellement fades qu'ils ne puissent être cités :

> Mes yeux dans ce portrait admirent le pinceau
> Et par les attributs jugent du caractère.
> Loisir mis à profit, mœurs douces, cœur sincère :
> Voilà, je crois, tout le tableau.

1855. Van der Zande, 24 fr.
1856. Vignières, 2ᵉ état, avec lettre, 10 fr.
1864. Rochoux, 1ᵉʳ état, avant la lettre, 27 fr.
1877. Behague, 27 fr.
1895. 21 décembre. X., 17 fr.
1897. De Goncourt, in-fol. avec marges, 6 fr.
1908. Gerbeau, 1ᵉʳ état, 69 fr.
1900. 1ᵉʳ décembre. X., 22 fr.
1902. 9 décembre. X., 26 fr.
1903. 19 juin. X., 16 fr.

18. **Louis (Dauphin de France)**, d'après Jean-Louis Tocqué ; haut. 141, larg. 91.

1ᵉʳ état. Avant la lettre.
2ᵉ état. Avec l'adresse d'Odieuvre.
3ᵉ état. Avec l'adresse effacée.

19. **Mézeray (François-Eudes)**, d'après Ant. Paillet ; haut. 135 ; larg. 89.

1ᵉʳ état. Avant la lettre.
2ᵉ état. Avec l'adresse d'Odieuvre.
3ᵉ état. L'adresse effacée.

20. **Néel de Christol**, évêque de Séez, d'après Aved ; haut. 419, larg. 308.

1877. Firmin Didot, 9 fr.
1903. 15 décembre. X., 16 fr.

21. **Orange (Frison, prince d')**, d'après Aved ; haut. 336, larg. 285.

22. **Duchesse de Parme (Louise-Élisabeth de France)**, sous la figure de la Terre, d'après Nattier ; larg. 353, haut. 248.

1ᵉʳ état. Avant la lettre.
Cette gravure a été présentée à l'Académie par Nattier le 23 février 1753.
1834. Comtesse d'Einsiedel (avec la Force), 12 fr.

23. PETIT (JEAN-LOUIS), chirurgien ; haut. 153, larg. 106.
    États d'Odieuvre.

24. PHILIPPE (DON), INFANT D'ESPAGNE, d'après Louis-René Vialy ;
    haut. 321, larg. 219.

> Dédié à la reine.
> La planche existe encore.

25. LA POPELINIÈRE (LE RICHE DE) tenant une fleur de la main
    droite, d'après Louis Viger ; haut. 453, larg. 337.

> On lit au bas :
>
> > Pour ces fleurs il n'est qu'un printemps,
> > Du moins la vie a son automne,
> > Prenons ce que le sort nous donne
> > Et connaissons le prix du temps.
>
> Une épreuve d'artiste, avant toute lettre, la légende écrite au crayon,
> dans la collection Roth.

26. PORÉE (LE PÈRE) de la Société de Jésus, d'après Neilson ;
    in-4°.

> 1er état, chez le graveur.
> 2e état, chez le graveur et chez Cars.
> 3e état, chez Buldet.
> La planche existe encore.
> 1873, Gigoux, 4 fr.

27. RÉAUMUR (R. A. FERCHAULT DE), conseiller du Roi, in-4°.

28. ROBIEN (CHRISTOPHE-PAUL, SIRE DE), conseiller du Roi, d'après
    Huguet ; haut, 305, larg. 215.

> On lit en bas :
> Magistrat équitable, ami sûr et sincère....

29. MARIE DE ROHAN, DUCHESSE DE CHEVREUSE, d'après Louis
    Ferdinand ; haut. 143, larg. 101.

> 1er état, avant la lettre.
> 2e état, avant l'adresse d'Odieuvre.
> 3 état, l'adresse effacée.

30. ROLLIN (CHARLES), d'après Ch. Coypel ; haut. 498, larg. 338.

1ᵉʳ état, sans adresse dans la marge inférieure.
2ᵉ état, adresse de Poilly.
3ᵉ état, adresse de Desnos.
La planche existe encore.
1843. Debois, 15 fr.
1853. Bertin, 1ᵉʳ état, sans adresse, 15 fr. 50.
1855. Van der Zande, 20 fr.
1877. Firmin Didot, 2 fr.

31. SALVADOR (JEAN-FRANÇOIS DE), prêtre, d'après Philippe Sauvan, tenant un crucifix de la main droite; haut. 341, larg. 241.

On lit au bas : *Tel il parut...*

32. SOANEN (JEAN), évêque de Séez, d'après Jean Raoux; haut. 134, larg. 93.

1ᵉʳ état, avant la lettre.
2ᵉ état, avec l'adresse d'Odieuvre.
3ᵉ état, l'adresse effacée.

33. VOLTAIRE, d'après Quentin de La Tour; haut. 113; larg. 90; *omnis Aristippum decuit.*

Gravé pour les *Œuvres* de Voltaire, édition de Leipzick (1748).

34. VOLTAIRE, d'après J.-M. Liotard; haut. 155, larg. 90.

Le 20 janvier 1746, Voltaire écrit à M. Bourgeois :
« J'y joins une estampe (le portrait gravé par Balechou) par laquelle vous connaîtrez moins mes traits que l'honneur que m'a fait Madame la marquise du Châtelet, à moi et aux lettres, en faisant graver au bas de ce portrait le beau vers latin que vous y lirez [1]. Je sens combien j'en suis indigne. »

35. WARIN (JEAN), graveur; haut, 143, larg. 102.

États d'Odieuvre.

36. UN PRÉLAT, vu à mi-corps, coiffé d'une calotte et tenant de la main gauche sa barette qu'il appuie contre sa poitrine; in-fol.

Le cartouche des armes est en blanc. Signé BALECHOU. *Arelat[s] sculpsit.*

37. UN PRÉLAT, debout, tenant des feuilles de papier de la main gauche et appuyant la main droite sur une table-console; in-fol.

Ce portrait n'est connu que par des épreuves de graveur avant toute lettre; il est au Cabinet des estampes.

1. *Post genitis hic carus erit,*
   Nunc carus amicis. — Correspondance, t. IV.

II.

Sujets religieux.

38. Le Sacré-Cœur, dans une gloire, d'après Philippe Sauvan ; haut. 360 ; larg. 210.
Prière au S. C. au collège des Jésuites d'Avignon.

39. Saint-Aignan guérissant Agrippin, d'après Juste Aurèle Meissonnier ; haut. 449, larg. 311.

40. Sainte Geneviève, d'après Carle van Loo (galerie de Siffredy Mornas, à Avignon) ; haut. 475, larg. 350. — Dédiée au Roi, gravée en 1759.

1er état, avant la lettre, et avec le collier blanc.
2e état, avant la lettre, mais avec les armes.
3e état, avec la lettre et les armes, mais avant les raies verticales sur la lettre et avant que le jupon soit rallongé.
4 état, avant les raies, mais avec le jupon rallongé.
5e état, avec les raies.
Il y a de cette planche, dit Le Blanc, des épreuves falsifiées, mais elles sont faciles à reconnaître à l'empreinte du cache-lettre, dans la marge.
Prix des épreuves du 1er état :
1748, Valois, 182 fr. — 1769, Surugue, 70 fr. — 1774, de Mailly, 71 fr. — 1778, Dulac, 60 fr. — 1779, Joullain, 110 fr.— 1796, à la vente d'un cabinet étranger, 96 fr. — 1798, Montfirmin Cancel, 57 fr. — 1801, Valois, 46 fr. 1813, L. T., 95 fr.— 1817, Logette, 160 fr. — Rigal, 150. — 1821, Durand, 130 fr. — 1834, comtesse d'Einsiedel, 18 fr. — 1836, Durand, 190 fr.— 1838, Révil, 162 fr. 75. — 1843, Dubois, 190 fr. — 1845, Jean Pagin, 155 fr. — Tufialkin, 130 fr. — 1862, Simon, 155 fr. — Comte Archinto, 150 fr. — 1865, Camberlyn, 85 fr. — 1877, Behague, 105 fr.
Épreuves du 2e état :
1805, de Sant-Yves, 79 fr. — 1857, Brusche, 64 fr.
Épreuves du 3e état :
1770, Canevari, 110 fr.— 1808, de Saint-Aubin, 99 fr. — 1852, baron de Trémont, 41 fr. — 1861, Lajariette, 36 fr. — 1866, Camberlyn, 30 fr. — 20 mai 1901, X., 11 fr.
Épreuves du 4e état :
1771, X., 64 fr. — 1774, de Mailly, 60 fr. — 1776, Neyman, 75 fr.— 1820, comte Potocki, 42 fr.
Épreuves du 5e état :
1771. X., 20 fr. — 1776, Neyman, 39 fr. — 1836, Durand, 24 fr.
Épreuves dont l'état n'est pas connu :
1779, marquis de Calvière, 72 fr.

41. Nicodème, d'après Nic. Vleughels ; larg. 236, haut. 188.

> On lit au bas :
>> « Nicodème vint la nuit trouver Jésus. » (Jean, III, 2.)

42. St Philippe de Neri, d'après E. Jeaurat ; haut. 237, larg. 157.

> 1165. Camberlyn, 3 fr. 5o.

43-46. Scènes de la vie religieuse : quatre pièces in-8° dans des encadrements ornés (Cabinet des estampes) ; ni lettre ni indication d'aucune sorte.

III.

Marines. — Paysages. — Divers.

47. Les Baigneuses, d'après Joseph Vernet (cabinet de M. Poulharies, négociant à Marseille, à qui cette gravure est dédiée) ; larg. 576, haut. 458.

> 1er état, avant la lettre.
> 2e état, avec la lettre, mais avec le mollet de la baigneuse debout et vue par derrière, blanc sur un espace de quatre lignes ;
> 3e état, avec le mollet ombré.
> 1766. D'Argenville, 24 fr.
> 1770. Blondel d'Azincourt, 1er état, 37 fr.
> 1770. Bourlamaque, 37 fr.
> 1773. Mlle Clairon, 1er état avant la lettre, 437 fr. 60.
> 1774. Bedouet, 1er état, 63 fr.
> 1798. Frauenholz, Nuremberg, épreuve de 1er état, avant la lettre, 49 fr. 5o.
> 1801. Winckler, Leipzig, 1er état, 26 fr. 90.
> 1803. Alibert, 1er état, 46 fr.
> 1805. De Saint-Yves, 53 fr.
> 1843. Weigel, Leipzig. 2e état, 46 fr. 80.
> 1861. Lajariette, 10 fr.

48. Le Calme, d'après Joseph Vernet (du cabinet de M. Renaud, chanoine de Saint-Didier, d'Avignon) ; larg. 543, haut. 441. Dédié à M. de Marigny, signé : Balechou, graveur du Roi ; gravée en 1753.

1ᵉʳ état, avant la lettre.

2ᵉ état, avant l'adresse, et les raies sur l'écriture.

3ᵉ état, avec l'adresse de l'auteur, à droite, J.-J. Balechou, à Avignon.

4ᵉ état, avec l'adresse d'Arnavon.

1774. Brochant, 1ᵉʳ état, avant la lettre, 170 fr.

1798. Frauenholz, Nuremberg, 1ᵉʳ état, avant la lettre, 52 fr. 80.

1843. Debois, sans aucune lettre, 80 fr.

— Weigel, Leipzig, 4ᵉ état, avec l'adresse d'Arnavon, 19 fr. 50.

1855. Van der Zande, avant toutes lettres, 11 fr.

1864. Clément, 1ᵉʳ état, 60 fr.

On a souvent réuni pour la vente *le Calme* et *la Tempête*. Prix cotés :

1766. D'Argenville, 1ᵉʳ état, 86 liv.

1770. Bourlamaque, 100 fr.

1771. X., 60 fr.

1773. Lempereur, 116 fr.

1776. Neyman, 110 fr.

1783. Dubois, 96 fr.

1805. De Saint-Yves, 1ᵉʳ état, marges rognées, 81 fr.

1810. Prévost, Sainte Geneviève en sus, 39 fr.

1817. Rigal, les Baigneuses en sus, 140 fr.

1834. Comtesse d'Einsiedel, id., 116 fr.

49. **La Tempête**, d'après Joseph Vernet (du cabinet de M. Poulhariès, à Marseille); larg. 555, haut. 443.

1ᵉʳ état, avant la lettre, signalé par Le Blanc.

2ᵉ état, avec la lettre, mais ayant dans la dédicace au duc de Chaulnes, dans le mot compagnie, la faute *compagine*.

3ᵉ état, avec compagnie, mais avant les raies.

4ᵉ état, avec les raies.

Il y a de cette planche des épreuves falsifiées.

Les grandes vagues de l'Océan n'ont été bien imitées que par les graveurs de J. Vernet : elles attendaient encore le mâle et luisant burin de Balechou (Ch. Blanc, *Le Trésor de la curiosité*, I. 409).

Des épreuves de 1ᵉʳ état ont été vendues :

1774, Bedouet, 100 fr. — 1821, Durand, 241 fr. — 1838, Révil, 70 fr. — 1843, Debois, 295 fr. — 1853, Thorel, 255 fr. — 1863, Fatout, 152 fr.

Des épreuves du 2ᵉ état ont eu preneur à :

1822, Rossi, 140 fr. — 1843, Debois, 210 fr.— 1855, Maurel, 151 et 125 fr. 1862, Simon, 205 fr ; comte Archinto, 255 fr.; Lauzet, 155 fr. — 1864, Clément, 140 fr.

D'autres épreuves dont l'état n'est pas connu, ont été vendues :

1770, Blondel d'Azincourt, 80 fr. ; 1776, Fournelle, 36 fr. — 1779, marquis de Calvière, 48 fr. — 1797, Wouters, 204 fr. — 1836, Durand, 241 fr. 1839, duc de R., 31 fr.— 1845, Tufialkin, 14 fr. — 1861, Lajariette, 30 fr.

50. Latone vengée, d'après Fil. Lauri ; larg. 634, haut. 470. —
    Achevée par Cathelin.

L'estampe est dédiée à Mgr Louis Berton des Balbes, duc
de Crillon et de Mahon.

51 à 53. *Logica*. — *Metaphysica*. — *Physica* ; haut. 165, larg. 122.
54 à 57. La Terre. — L'Air.— L'Eau. — Le Feu, d'après Caneau,
    suite de 4 pl. ; larg. 102, haut. 80. Signé: Baléchou.

> A Paris, chez Charpentier, av. pr. du Roi.
> 1843. Weigel, Leipzick, 4 fr. 50.
> 1877. Behague, 26 fr. — Mêmes estampes avant toute lettre, 180 fr.
> 1897. De Goncourt. Les mêmes estampes qu'à la vente de Behague,
> 93 fr.

58 à 87. Une suite de trente pièces numérotées, intitulée :
« Livre de divers desseins d'ornemens qui, par la nou-
veauté, l'intelligence et le bon goût des compositions et
de leurs richesses, n'est pas moins utile à ceux qui commencent à s'appliquer au dessein qu'à ceux que leur
profession obligent (*sic*) journellement d'en faire usage.
Inventé par M. Lainé, architecte et sculpteur du Roy.
Mis au jour par les soins du sieur René Viale, peintre
du Roy. Gravé à Paris par J.-J. Balechou, *1740*. Se vend
à Aix, chez Viale. »
Ces pièces représentent des principes d'ornement, des
tables, des moulures de cadres sculptés, des portes cochè-
res, des cheminées, des consoles supportant des pendules,
des fonds de salle à manger avec buffets, des bénitiers, une
lampe d'église, un soleil et une croix portative. Toutes ces
pièces sont du style de la fin du règne de Louis XIV ; elles
sont très riches de composition et de fort bon goût (0^m17 sur
0^m30) collection Foulc. M. Biret en possède aussi une suite.
Nous trouvons à la Bibliothèque de Paris une autre édition
de cette suite (*Jean* Balechou, E. f. 5) portant à peu près le
même titre, mais où le nom de *Lainé n'est pas indiqué* :
« Livre de divers desseins d'ornemens *utile aux personnes
qui commencent à s'appliquer au dessin, et à ceux que leur
profession oblige d'en faire usage. Gravé par J.-J. Balechou.
Paris, chez la veuve Chereau.*
Un troisième exemplaire se trouve dans la collection
Lesoufaché ; il porte aussi un titre différent du premier :

« *Livre d'ornemens, de fleurons, cadres, tables, etc., etc., gravé par J.-J. Balechou*. Utile aux jeunes gens qui apprennent à dessiner l'ornement et aux artistes chargés d'exécuter de pareils ouvrages. A Paris, chez Niquet et Dubois[1].

On attribue généralement ces compositions à Balechou. C'est une erreur, où est tombé M. Georges Duplessis.

Février 1908. Hôtel Drouot, 480 fr.

88. LES DÉLICES DE L'ENFANCE, d'après François Boucher ; haut. 274 ; larg. 191.

89. LA NAISSANCE, d'après Michel-François Dandré-Bardon ; haut. 322 ; larg. 253.

On lit au bas :

Que l'homme est bien durant sa vie.
Un parfait miroir de douleurs....

Paris, chez Lépicié, graveur du Roi, et chez M. Surugue.
1877. Behague, 12 fr.
1878. Roth, 11 fr.

90. L'ENFANCE, d'après Michel-François Dandré-Bardon ; haut. 322 ; larg. 253.

On lit au bas :

Dans l'enfance toujours des pleurs....

1858. 7 décembre, X., 1 fr. 50.
1861. Lajariette, 1 fr.
1877. Firmin Didot, 5 fr. 80.
1878. Roth, 11 fr.

D'après Ét. Jeaurat :

91. LA COUTURIÈRE ; haut. 310. larg. 245. Datée de 1749.

1858. X., avec toutes marges, 6 fr.
1878. Roth, 21 fr.
1897 De Goncourt, 11 fr.

92. LE GOÛTÉ ; haut. 324, larg. 255.

1865. Camberlyn, 21 fr.
1877. Behague, 15 fr.
— Firmin Didot, 27 fr.

1. *Les maîtres ornemanistes, dessinateurs, peintres, architectes, sculpteurs et graveurs*. par D. Guilmard, article Lainé, p. 124.— Paris, Plon et C⁰, 1880, 1 vol. in-4'.

93. Le mari jaloux ; haut. 320, larg. 251.

> 1858. X., 4 fr. 50.
> 1877. Firmin Didot, 20 fr.
> — Behague, 15 fr.
> 1897. De Goncourt, 12 fr.

94. L'opérateur Barri ; haut. 320, larg. 254. Datée de 1743.

> 1877. Firmin Didot, 11 fr.

95. La servante congédiée ; haut. 309, larg. 243.

> 1877. Behague, 20 fr.

M. Pailheiret, à Trets, possède une importante collection des estampes de Balechou qui a été formée par son grand-père maternel, M. Degut, d'Arles, contemporain et ami du graveur. Quelques-unes des pièces qui la composent ne figurent pas dans le catalogue de Le Blanc et dans les *Graveurs du XVIIIe siècle* de Béraldi et Portalis et leur attribution à Balechou devrait être vérifiée. Sous cette réserve, je citerai :

— Un portrait de femme, avant la lettre.

— Un portrait de Jean-Baptiste Oudry, peintre du Roi, d'après Largillière, 1729. Il est signé J. Balechou, mais ce nom paraît être une surcharge. Serait-ce une de ces œuvres du graveur, dont parle Beauvezer, et dont un de ses maîtres se fit honneur en les signant ? Mais Le Bas n'a jamais exécuté de portrait d'Oudry.

— Un groupe de femmes se soumettant à un vainqueur.— Cette estampe serait-elle l'une des trois que Jean-Charles Marti-net, marchand mercier, à Paris, dit avoir remises à Bale-chou, afin qu'il les « parachève », ou l'une des planches où il lui demanda de mettre son nom « afin de leur donner de la vogue ». (Déposition devant le commissaire Le Clair). Ces planches représentaient des épisodes de la vie d'Enée et des batailles d'Alexandre.

— Un lion couché. Haut. 160^m, larg. 175^m.

.∴.

M. l'abbé Requin possède un cahier de fantaisies décoratives qui porte le nom du graveur, orthographié *Balchou*.

RENSEIGNEMENTS BIBLIOGRAPHIQUES ET ICONOGRAPHIQUES.

ACHARD (Paul). — Dictionnaire des rues et places d'Avignon. 1857. Seguin aîné. Avignon, 1 vol.

Almanach royal.

Archives et nouvelles archives de l'art français. Paris, J. Schemit.

ARNAVON (le chanoine). — Manuscrit 1520 de la Bibliothèque Calvet.

BARJAVEL (C. F. H.). — Dictionnaire historique, biographique et bibliographique du département de Vaucluse. Carpentras, Devillario, 1841, 2 vol.

BASAN. — Dictionnaire des graveurs anciens et modernes. Paris, 1767. Cuchet et Frault, 2 vol.

BELLIER DE LA CHAVIGNERIE et L. AUVRAY. — Dictionnaire général des artistes de l'école française. Renouard, 1882, 2 vol.

BLANC (Charles). — Le Trésor de la curiosité. Paris, Vve Renouard, 1858, 2 vol.

BOUCHE. — Essai sur l'histoire de Provence, t. II, p. 309.

DELABORDE (H.). — La gravure. Quantin, 1 vol., p. 240.

— Le département des estampes à la Bibliothèque nationale. Plon, 1875, 1 vol., p. 407.

DESMAZES (Ch.). — Le Châtelet de Paris. Didier et Cie, 1883, 1 vol. in-8°.

Dictionnaire de la Provence (par Achard), article Balechou, signé C. B., t. III, p. 52. Marseille, 1786.

DIDEROT. — Œuvres complètes, édition Assézat. Garnier frères, t. X et XI.

DUPLESSIS (G.). — Les merveilles de la gravure. Hachette, 1882, 1 vol., p. 274.

— Mémoires et Journal de J.-G. Wille. 1857, veuve Renouard, 2 vol.

HOEFER (D^r). — Nouvelle Biographie universelle. Firmin Didot, 1808.

Illy (J.-P.). — Notice sur la vie et les œuvres de Balechou. Bulletin historique, archéologique et artistique de Vaucluse. 1885. Seguin frères, Avignon.

Joubert père (F.-E.). — Manuel de l'amateur d'estampes, 2 vol. 1808, t. I, p. 208.

Lagrange (L.). — Joseph Vernet et la Peinture au XVIIIe siècle. Didier, 1864.

Le Blanc (Ch.). — Manuel de l'amateur d'estampes. 1854, 2 vol. Paris, P. Jannet.

Millin. — Voyage dans les départements du Midi de la France, t. III, p. 652.

Mireur (D[r]). — Dictionnaire des ventes d'art. Soulié, 1901, 2 vol.

Martin (Émile). — Le Musée, revue arlésienne, 1878.

Nécrologe des hommes célèbres de France. Paris, Moreau et Knapen, 1767-1777.

Nicolle (Marcel). — Revue de l'art ancien et moderne, t. XIV, p. 87.

Parrocel (Étienne). — Les Annales de la Peinture. Marseille.

Plutarque Provençal. Vie des hommes illustres de la Provence ancienne et moderne, 1857. Marseille, 2 vol.

Portalis (baron Roger) et Henri Béraldi. — Les graveurs du XVIIIe siècle. Paris, Damascène Morgand et Ch. Fatout, 1880, 3 vol.

Portalis (baron Roger). — Une collection de portraits français. Revue de l'Art ancien et moderne, t. XIII, p. 176.

Procès-verbaux de l'Académie royale de peinture et de sculpture, publiés d'après les registres originaux conservés à l'École des beaux-arts, par M. J.-J. Guiffrey, t. VI.

Watelet et Levesque. — Dictionnaire des Arts de peinture, sculpture et gravure.

⁂

J'ai déjà parlé du pastel attribué à Balechou et qui le représente à l'âge de 18 ans. On peut le voir au Musée Calvet. J'en donne la reproduction, ainsi que du portrait peint par le chanoine Arnavon et gravé par Cathelin [1].

J.-M. Véran, d'Arles, a gravé en 1835 un portrait de Balechou qui est fait d'après la gravure de Cathelin.

---

1. Cathelin (Louis-Jacques), né à Paris en 1738, fut agréé par l'Académie en 1774, et reçu le 26 avril 1777, sur la présentation du portrait gravé de l'abbé Terray.

La même gravure a été reproduite par M. Adolphe Varin, en 1880.

M. Jean Saint-Martin, député de Vaucluse, a récemment acquis un petit pastel, dans lequel il croit reconnaître un portrait de Balechou par cet artiste. Le cadre porte, au revers, à l'encre, à plusieurs endroits *Balechou fecit*.

***

Dans une vente d'autographes que M. Noël Charavay a bien voulu me signaler, se trouvait, avec une notice de Mariette (4 p. in-4°) sur Balechou, un portrait au crayon de cet artiste par L'Aulne (?). Portrait et autographe furent vendus les 7-8 novembre 1887, à M. Thibeaudeau, marchand d'estampes à Londres, qui les acheta pour M. Morrisson, de la même ville. Ce collectionneur est mort depuis, mais son catalogue ne mentionne pas ces deux pièces.

Mariette fut choisi comme arbitre, à l'origine de la contestation survenue entre Balechou et Le Leu ; il eut à examiner la planche objet du litige et en fit la description dans un certificat du 31 décembre 1749, qui fut, d'un commun accord entre les parties, déposé aux minutes de Mᵉ Hustrelle, notaire au Châtelet. Cette notice de Mariette serait très utile à consulter, si elle pouvait être retrouvée.

M. de Chennevières, directeur des Beaux-Arts, fit la commande à M. Dieudonné, statuaire, pour la bibliothèque d'Arles, d'un buste de Balechou, en marbre. Une somme de 2.400 fr. lui fut allouée pour ce travail.

Ce buste est au musée Réattu.

***

En terminant ce petit ouvrage qui a nécessité de nombreuses recherches, je ne puis oublier de dire combien le monde des érudits, archivistes, bibliothécaires, amateurs, collectionneurs, est compatissant et complaisant aux simples curieux tels que moi et combien je dois de reconnaissance à ceux d'entr'eux que j'ai consultés.

J'ai eu recours à M. Duhamel, archiviste du département de

Vaucluse, pour savoir, entre autres choses, comment Palissot, un des auteurs du Nécrologe, a pu être ce que nous appellerions aujourd'hui receveur entreposeur des tabacs à Avignon (voir page 18) avant la réunion de cette ville et du Comtat Venaissin à la France.

Il n'est peut-être pas un point de l'histoire locale que le savant archiviste, si attaché à notre pays, n'ait étudié, soit dans des ouvrages spéciaux, soit dans les précieuses notices qu'il publie depuis 25 ans, dans l'*Annuaire de Vaucluse,* et qui font de ce recueil une collection inestimable. M. Duhamel m'a fait tenir la note suivante:

« Le 11 mars 1734, il intervint, à la suite de longues négociations, un concordat entre la cour de France et la cour pontificale au sujet de la fabrique et du commerce des toiles peintes et de la fabrication, vente et débit des tabacs de toute espèce se consommant dans toute l'étendue de la ville d'Avignon et du Comtat Venaissin.

« Il était interdit aux habitants de planter, cultiver ou vendre aucun tabac. Le gouvernement pontifical consentait aux fermiers généraux du tabac du royaume l'établissement d'une ferme des tabacs, avec le privilège de vente du tabac au même prix qu'en France. Ils pouvaient établir des magasins, bureaux en tel nombre et en telle ville ou tels lieux qu'ils le jugeraient à propos.

« En échange de ce privilège et pour indemniser les commerçants et les producteurs de tabac dépossédés, la cour pontificale recevait des fermiers généraux une indemnité annuelle de 230.000 livres à répartir entre la ville d'Avignon et le Comtat Venaissin.

« En conséquence de ce concordat, le fermier général des tabacs à Avignon devait être désigné par les fermiers généraux ou par la cour de France. »

.·.

M. le docteur Pansier, au cours de ses fructueuses recherches aux Archives départementales de Vaucluse, a rencontré le nom de Balechou et a bien voulu me signaler la procédure qu'il entama devant la Cour de Saint-Pierre contre un jardinier du nom de Bourleton, à qui il avait sous-loué une partie de son jardin, attenante à sa maison d'habitation.

J'ai lu cette procédure avec soin, espérant y trouver la confirmation des renseignements recueillis sur le domicile présumé de Balechou à Avignon. Peine perdue. On voit bien des détails dans ce grimoire, mais l'essentiel n'y est point : on ne parvient pas à savoir où sont situés la maison du graveur et le jardin sous-loué à Bourleton.

C'est en mai 1760. Balechou réclamait le départ du jardinier, prétendant ne lui avoir loué que pour un an ; celui-ci soutenant qu'il « tient son arrentement tout le temps que le dit sieur Balechou avait arrenté sa maison ». Et il ajoutait que « s'il sortait dudit jardin, luy porteroit un préjudice de plus de quarante écus, par rapport à la perte des fleurs des orangers qui valent 27 livres, des autres fleurs, des salades et herbages ».

L'argument paraît avoir attendri Balechou qui consentit à une transaction. La Cour décida donc qu'il abandonnerait à Bourleton les 17 livres que celui-ci devait encore et, de plus, le jardinier percevrait « toutes les fleurs des orangers et ortolages qu'il tenait en arrentement »[1].

Les circonstances de la cause, si elles n'apportent aucune indication utile sur la demeure de Balechou, ne contredisent pas cependant ce que j'ai avancé, puisque la rue du Portail Magnanen était encore plantée en jardins il y a peu d'années.

1. Archives de Vaucluse, B, 1058, fol. 266-289.

Avignon, 14 mai 1908.

TABLE DES MATIÈRES.

Portrait de Balechou, pastel du Musée Calvet.
Portrait de Balechou, d'après Arnavon.

Une Lettre inédite de J.-J. Balechou.

La correspondance de Balechou est très rare. La collection des manuscrits du Musée-Calvet contient une lettre de cet artiste qui avait échappé à mes recherches lors de la publication de la notice que j'ai consacrée à ce graveur. En voici le texte [1] :

Arles, ce 18me mars 1763.

Monsieur (Bonnet, cavallier du visse-légat à Avignon).

Je suis plus que persuadé de vos bonnes intentions à mon égard. Personne ne sera plus reconnaissant que moi dans toutes les occasions. J'aurois voulu de tout mon cœur traite avec vous ou avec ceux pour qui vous vous intéressés, mais jamais leurs offre n'a aproché de la raison. D'abord, il n'a jamais été question que de quinze mille livres et de six livres pour les estampes. Les estampes se vendent 9 livres et on me donne 18.000 l. de mes planches dans Avignon. Vous voyez que la proposition n'est pas juste de la part des Mrs Audiné. Je voudrois bien les obliger, mais mon intérèt est premier. Je vous suis pourtant bien obligé et vous remercie. Je vous prie de me croire avec l'estime la plus profonde que je suis, monsieur, votre très humble et très obéissant serviteur.

BALECHOU.

Je serai à Avignon jeudy ou vendredy.

L'intérêt que présente cette lettre est tout entier dans l'indication du prix que Balechou désire obtenir pour graver une planche. On lui offre 15 000 livres, mais il estime que cette somme « n'approche pas de la raison », c'est-à-dire que l'offre n'est pas raisonnable, puisqu'on paye, à Avignon, ses planches, 18.000 livres.

C'est donc 18.000 livres que le *Calme,* d'après J. Vernet, du cabinet de M. Renaud, chanoine de Saint-Didier, et *Sainte*

---

1. Bibliothèque d'Avignon. Autographes Requien, n° 464.

Geneviève, d'après Carle van Loo, de la galerie de Siffredy Mornas, ont été payés, d'après la déclaration de Balechou.

Le 27 juin 1746, la convention passée avec Leleu, agent du roi de Pologne, portait que le graveur recevrait pour le portrait d'Auguste III cinq mille livres et 50 estampes. Si l'on remarque que cette gravure est la plus importante et assurément la meilleure des œuvres de l'artiste, on voit que ses prétentions se sont accrues considérablement en 17 ans, en même temps sans doute que sa réputation avait grandi. Nos graveurs contemporains se contenteraient volontiers des honoraires demandés par Balechou, qui représenteraient près de 40.000 francs de notre monnaie.

Cette lettre est écrite d'Arles ; ce qui prouve que le graveur n'était pas exilé à Avignon, ou réduit à s'y réfugier. Je crois que ma démonstration sur ce point a été suffisante. M. J.-J. Guiffrey a bien voulu me le dire et je l'en remercie, estimant que son témoignage est décisif..

J'ajouterai à ces observations quelques notes sur le catalogue des œuvres de Balechou que j'ai donné :

N° 20, Néel de Christol. Lire : de Christot. Le n° 37, un prélat représenté tenant des feuilles de papier de la main gauche et appuyant la main droite sur une console, serait Bégon, évêque de Toul, d'après une note inscrite sur la gravure conservée au Cabinet des Estampes, mais je n'ai pu vérifier cette attribution.

Les portraits de Voltaire, inscrits sous les numéros 33 et 34, ont donné lieu à une confusion, à cause des vers

Post genitis hic carus erit,
Nunc carus amicis

que j'avais indiqués comme une légende du portrait peint par Liotard. A la vérité, l'estampe d'après le portrait peint par La Tour, reproduit aussi les mêmes vers, ainsi qu'un portrait signé Soubeiran, identique à celui de Liotard, et un autre de Boilly.

Le n° 33, du Cabinet des estampes, porte : *Omnis Aristippum...* ces mots sont supprimés dans l'épreuve de M. Pailheret.

La suite de 30 pièces (n°s 58 à 87) intitulée LIVRE DE DIVERS DESSEINS D'ORNEMENS, a pour auteur M. Lainé, architecte et sculpteur du Roi. M. Léon Deshairs, conservateur de la Bibliothèque de l'Union centrale des Arts décoratifs, a étudié, dans un ouvrage qui vient de paraître[1], les travaux de décoration que cet artiste

---

1. *Aix en Provence*, architecture et décoration aux XVII° et XVIII° siècles.

exécuta à l'hôtel de Madame de Simiane, à Aix, en 1731 et 1742. Il travailla aussi pour M. de Costebelle, à Avignon, et M. Duhamel nous le montre[1] dressant les plans et les devis du théâtre en 1732.

Sa réputation était grande, si l'on en croit les lettres de la petite-fille de Mme de Sévigné. M. Deshairs aura le mérite de nous avoir fait connaître ses œuvres les plus importantes.

Jules BELLEUDY.

1. Le Théâtre d'Avignon aux XVIIe et XVIIIe siècles, *Annuaire de Vaucluse*, 1909

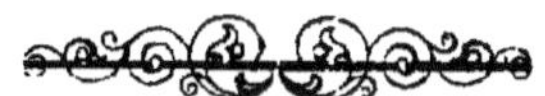